一部着力于培养创业创新型人才的项目化通识教材

管理学基础

主　编　孙卫东　鲁　铭

副主编　杨　华　董秀娟

参　编　侯丽君　张育洁　施亚平

主　审　孙国忠　徐仲年

东南大学出版社

·南京·

内 容 简 介

本书涵盖了管理学的经典内容，按照实际管理工作过程及管理职能，将全书分为认知管理学、计划、组织、领导、控制等五个项目。每个项目首先明确需要达到的能力目标、知识目标和素质目标。然后导入案例，通过案例引起学生对于本项目的兴趣，接着配以2至6个任务，每个任务均穿插一些案例，以帮助学生理解相关管理学原理，并运用原理分析和解决实际管理问题。最后，每个项目都提炼出小结，配备一些思考与练习，以便于学生复习和自测。

本书按照教育部对于高职高专教育的最新要求，结合当前国内外的经济形势、大学生就业形势、中国高职走过的路程和面临的困难与挑战，着力于"培养当代大学生的创新创业意识、创新创业精神和创新创业能力"，通过大量的经典案例和自编案例，潜移默化、由浅入深地培养学生对于财富创造和管理工作的兴趣。

本书可作为高等职业教育经济管理类专业教材，也适用于对企业管理和自主创业感兴趣的各类人才，是创业创新型人才通向职场的启蒙教材、通识教材。

图书在版编目(CIP)数据

管理学基础 / 孙卫东，鲁铭主编. —南京：东南大学出版社，2014.11
 ISBN 978-7-5641-5299-4

Ⅰ.①管⋯ Ⅱ.①孙⋯②鲁⋯ Ⅲ.①管理学—教材 Ⅳ.①C93

中国版本图书馆 CIP 数据核字(2014)第 249122 号

管理学基础

出版发行	东南大学出版社
社　　址	南京市四牌楼2号　邮编　210096
出版人	江建中
网　　址	http://www.seupress.com
电子邮箱	press@seupress.com
经　　销	全国各地新华书店
印　　刷	常州市武进第三印刷有限公司
开　　本	787mm×1092mm　1/16
印　　张	14
字　　数	350 千
版　　次	2014 年 11 月第 1 版　2014 年 11 月第 1 次印刷
书　　号	ISBN 978-7-5641-5299-4
印　　数	1—3 000 册　　定　价　29.00元

本社图书若有印装质量问题，请直接与营销部联系。电话(传真)：025-83791830

高等职业教育经济管理类专业教材编委会

主　任　宁宣熙

副主任　（按姓氏笔画排序）

　　　　　王传松　王树进　王维平　印永龙
　　　　　迟镜莹　都国雄　钱廷仙　詹勇虎

秘书长　张绍来

委　员　（按姓氏笔画排序）

　　　　　丁宗红　王水华　邓　晶　华　毅　刘大纶　刘金章
　　　　　刘树密　刘葆金　祁洪祥　阮德荣　孙全治　孙　红
　　　　　孙国忠　严世英　杜学森　杨晓明　杨海清　杨湘洪
　　　　　李从如　吴玉林　邱训荣　沈　彤　张　军　张　震
　　　　　张建军　张晓莺　张维强　张景顺　周忠兴　单大明
　　　　　居长志　金锡万　洪　霄　费　俭　顾全棍　徐汉文
　　　　　徐光华　徐安喜　郭　村　常大任　梁建民　敬丽华
　　　　　蒋兰芝　缪启军　潘　丰　潘绍来

出 版 说 明

"高等职业教育经济管理类专业教材编委会"自 2003 年 3 月成立以来,每年召开一次研讨会。针对当前高等职业教育的现状、问题以及课程改革、教材编写、实验实训环境建设等相关议题进行研讨,并成功出版了《高等职业教育经济管理类专业教材》近 60 种,其中 33 种被"华东地区大学出版社工作研究会"评为优秀教材和江苏省精品教材。可以看出,完全从学校的教学需要出发,坚持走精品教材之路,紧紧抓住职业教育的特点,这样的教材是深受读者欢迎的。我们计划在"十二五"期间,对原有品种反复修订,淘汰一批不好的教材,保留一批精品教材,继续开发新的专业教材,争取出版一批高质量的和具有职业教育特色的教材,并申报教育部"十二五"规划教材。

"高等职业教育经济管理类专业建设协作网"是一个自愿的、民间的、服务型的、非营利性的组织,其目的是在各高等职业技术院校之间建立一个横向交流、协作的平台,开展专业建设、教师培训、教材编写、实验与实习基地的协作等方面的服务,以推进高等职业教育经济管理专业的教学水平的提高。

"高等职业教育经济管理类专业建设协作网"首批会员单位名单:

南京正德职业技术学院	南京工业职业技术学院
南京钟山职业技术学院	南京金肯职业技术学院
江苏经贸职业技术学院	南通纺织职业技术学院
南京应天职业技术学院	镇江市高等专科学校
无锡商业职业技术学院	常州轻工职业技术学院
南京化工职业技术学院	常州信息职业技术学院
常州建东职业技术学院	常州纺织服装职业技术学院
常州工程职业技术学院	南京铁道职业技术学院
南京交通职业技术学院	无锡南洋职业技术学院
江阴职业技术学院	南京信息职业技术学院
扬州职业大学	黄河水利职业技术学院
天津滨海职业学院	江苏农林职业技术学院
安徽新华职业技术学院	黑龙江农业经济职业学院
山东纺织职业技术学院	东南大学经济管理学院
浙江机电职业技术学院	广东番禺职业技术学院
南京商骏创业网络专修学院	苏州经贸职业技术学校
东南大学出版社	江苏海事职业技术学院

高等职业教育经济管理类专业教材编委会
2014 年 11 月

序

高等职业教育是整个高等教育体系中的一个重要组成部分。近几年来,我国高等职业教育进入了高速发展时期,其中经济管理类专业学生占有相当大的比例。面对当前难以预测的技术人才市场变化的严峻形势,造就大批具有技能且适应企业当前需要的生产和管理第一线岗位的合格人才,是人才市场与时代的需要。

为培养出适应社会需求的毕业生,高等职业教育再也不能模仿、步趋本科教育的方式。要探索适合高等职业教育特点的教育方式,就要真正贯彻高等职业教育的要求,即"基础理论适度够用、加强实践环节、突出职业技能教育的方针"。为此,有计划、有组织地进行高等职业教育经济管理类专业的课程改革和教材建设工作已成为当务之急。

本次教材编写的特点是:面向高等职业教育系统的实际情况,按需施教,讲究实效;既保持理论体系的系统性和方法的科学性,更注重教材的实用性和针对性;理论部分为实用而设、为实用而教;强调以实例为引导、以实训为手段、以实际技能为目标;深入浅出,简明扼要。为了做好教材编写工作,还要求各教材编写组组织具有高等职业教育经验的老师参加教材编写的研讨,集思广益,博采众长。

经过多方的努力,高等职业教育经济管理类专业教材已正式出版发行。这是在几十所高等职业院校积极参与下,上百位具有高等职业教育教学经验的老师共同努力高效率工作的结果。

值此出版之际,我们谨向所有支持过本套教材出版的各校领导、教务部门同志和广大编写教师表示诚挚的谢意。

本次教材建设,只是我们在高等职业教育经济管理类专业教材建设上走出的第一步。我们将继续努力,跟踪教材的使用效果,不断发现新的问题;同时也希望广大教师和读者不吝赐教和批评指正。目前我们已根据新的形势变化与发展要求对教材陆续进行了修订,期望它能在几番磨炼中,成为一套真正适用于高等职业教育的优秀教材。

宁宣熙
2014 年 11 月

前　言

在现代社会中,管理作为组织实现目标的一种手段,可以说无时不在、无处不在。人们不管从事何种工作,都在参与管理活动,要么管理国家,要么管理组织,要么管理业务,要么管理家庭、管理子女。可以说,国家的兴衰、组织的成败、家庭的贫富无不与管理工作是否得当有关。

对于高职学生而言,开设这门课程,不仅关系到学生的职业素养,而且可以帮助他们进行职业规划、人生规划,组织和协调各种资源,使理想或计划转化为现实,所以,管理学基础既是一门管理专业基础课,也是一门幸福学课程。然而,正因为管理学包罗万象,适用于大至国家、跨国企业、企业集团,小至中型企业、小微企业,甚至个人作坊等大小组织,而且管理还分层次,每个层次的管理重点又相差甚远,所以,管理学教学不可能面面俱到,特别是对于毕业后将走向基层操作岗位和管理岗位的高职学生而言,尤其要有针对性。

本教材针对高职学生的特点进行编写,力图突破本科教材那种重视知识的系统性、完整性、连贯性而忽视操作训练的局限。例如,跨国企业并购计划的制订、跨国企业组织变革、国际人才招聘等,这些都是高职学生毕业后短时间内根本无法用上的知识。而高职学生真正需要的知识、技能、训练,例如一个小微企业的创立和管理过程、一个创业计划的制订和实施等,才是高职教材需要涉及的。本教材彰显了"以就业为导向、以能力为核心"、"基于工作过程"等高职教材特点。

(1) 精选案例,跟踪企业热点:教材中引用的大量管理案例,既包括经典管理案例,也包括现实企业实际案例,还包括本书编写团队长期积累的自编案例。案例反映的问题典型突出,具有代表性和针对性。案例叙述幽默风趣、现实性强,发人深省。通过对案例的研究和分析,学生能够更好地理解理论,掌握理论和运用理论,从而提高其相关的管理能力。

(2) 体例固定,便于学习:本教材采用项目化编写体例,每个项目首先明确需要达到的能力目标、知识目标和素质目标。然后导入案例,通过案例引起学生对于管理学的兴趣,接着配以2至6个任务,每个任务均穿插一些案例,以帮助学生理解管理学原理,并运用原理分析和解决实际管理问题。最后,每个项目都提炼出小结,并配备一些思考与练习,以便于学生复习和自测。

（3）突出能力本位的原则:《国家中长期教育改革和发展规划纲要(2010—2020年)》中明确指出,教育应"坚持能力为重"、"强化能力培养"。对于高职教育而言,职业能力的培养和训练是其重要特色,也是其核心任务。本教材在编写时坚持能力本位的原则,在结构上不再沿袭以往的学科知识体系的模式,而是以新的视角来重新编排管理学知识。例如,不根据管理职能划分章节,而是按照管理活动过程,特别是小微企业和典型的业务等日常管理工作,把管理活动按照一定的顺序排列。项目化、任务化的体例是教材的主体结构。

（4）配备课程网站和多媒体辅助教学资源包:利用中国数字大学城平台创建本门课的互动式课程网站,上传大量课程资源,包括动画、视频资料、课件、试卷库等,以方便教师教学,拓展学生的知识面,提高学生的自学能力。

（5）加强课后练习:为了方便学生复习,培养他们分析和解决实际问题的能力,每一项目后都配有复习思考题。

本书由孙卫东、鲁铭担任主编,杨华、董秀娟担任副主编,聘请孙国忠、徐仲年担任主审。孙卫东负责本书框架结构和内容的确定及全书统稿,鲁铭、杨华统筹设计了全书格式。孙卫东、鲁铭编写了项目1内容,董秀娟编写了项目2内容,杨华、施亚平编写了项目3内容,侯丽君编写了项目4内容,张育洁编写了项目5内容。

本书在编写过程中参考了大量国内外专家学者的著作,在此表示真诚的感谢! 由于作者水平有限,书中难免有疏忽或谬误之处,恳请读者批评指正。

编　者

2014 年 7 月 10 日

目　录

项目1　认知管理学 ··· 1
【学习目标】 ··· 2
【导入案例】 ··· 3
任务1　认识和理解管理 ··· 5
任务1.1　管理定义 ··· 5
任务1.2　管理者 ·· 7
任务1.3　管理过程 ·· 11
任务1.4　管理对象 ·· 14
任务1.5　管理特点 ·· 17
任务2　管理思想及理论 ·· 20
任务2.1　古代管理思想 ·· 20
任务2.2　西方古典管理理论 ··· 24
任务2.3　行为科学管理理论 ··· 27
任务2.4　现代管理理论学派 ··· 28
【项目小结】 ·· 30
【思考与练习】 ··· 30

项目2　计划 ··· 33
【学习目标】 ·· 34
【导入案例】 ·· 35
任务1　计划的涵义 ·· 36
任务1.1　计划概述 ·· 36
任务1.2　编制计划 ·· 43
任务2　决策 ··· 48
任务2.1　决策概述 ·· 48
任务2.2　决策理论 ·· 54

任务 2.3　决策过程 55
　　　任务 3.4　决策的基本方法 59
　任务 3　目标管理 68
　　　任务 3.1　目标管理的概念和特点 68
　　　任务 3.2　目标管理的基本程序 72
　　　任务 3.3　制定目标的原则 76
　【项目小结】... 79
　【思考与练习】... 80

项目 3　组织 83
　【学习目标】... 84
　【导入案例】... 85
　任务 1　组织的概念和类型 86
　　　任务 1.1　组织的概念 86
　　　任务 1.2　组织的类型 86
　任务 2　组织结构设计 91
　　　任务 2.1　组织常见结构 91
　　　任务 2.2　组织设计的程序 96
　任务 3　分配岗位职权和职责 98
　　　任务 3.1　岗位职权与职责 98
　　　任务 3.2　集权与分权 100
　　　任务 3.3　授权 102
　任务 4　管理幅度与管理层次设计 105
　　　任务 4.1　管理幅度与管理层次的概念 105
　　　任务 4.2　管理幅度与管理层次的关系 106
　　　任务 4.3　管理幅度与管理层次的设计 107
　任务 5　岗位人员安排 109
　　　任务 5.1　岗位分析 109
　　　任务 5.2　招聘与甄选 113
　　　任务 5.3　员工培训 117
　　　任务 5.4　绩效考评 118
　任务 6　组织创新 122
　　　任务 6.1　组织形式创新 122

任务6.2　组织能力创新 ··· 124
　　任务6.3　组织文化创新 ··· 125
【项目小结】 ··· 129
【思考与练习】 ·· 129

项目4　领导 ··· 131
【学习目标】 ··· 132
【导入案例】 ··· 133
任务1　领导的性质和作用 ·· 137
　　任务1.1　领导的内涵 ··· 137
　　任务1.2　领导的作用 ··· 138
任务2　领导的影响力 ·· 140
　　任务2.1　权力性影响力 ·· 140
　　任务2.2　非权力性影响力 ··· 141
　　任务2.3　领导方式及其理论 ·· 143
任务3　领导权变论 ··· 146
　　任务3.1　费德勒权变模型 ··· 146
　　任务3.2　路径-目标管理 ··· 147
　　任务3.3　领导生命周期理论 ·· 148
任务4　沟通技巧 ·· 152
　　任务4.1　沟通的基本内涵 ··· 152
　　任务4.2　沟通的目的 ··· 155
　　任务4.3　沟通的过程 ··· 156
　　任务4.4　克服沟通障碍 ·· 158
任务5　有效激励 ·· 161
　　任务5.1　激励的概念、作用和模型 ····································· 161
　　任务5.2　激励理论 ·· 165
　　任务5.3　激励实务 ·· 171
【项目小结】 ··· 175
【思考与练习】 ·· 175

项目5　控制 ··· 177
【学习目标】 ··· 178

【导入案例】…… 179
任务1 控制职能与控制过程 …… 181
　　任务1.1 控制职能 …… 181
　　任务1.2 控制的基本过程 …… 186
任务2 控制的基本类型及其比较 …… 189
　　任务2.1 常见的几种控制类型 …… 190
　　任务2.2 其他控制类型简介 …… 192
任务3 有效控制方法与手段 …… 194
　　任务3.1 控制点、控制标准的确定 …… 195
　　任务3.2 有效控制的必要条件和控制方法 …… 197
【项目小结】…… 207
【思考与练习】…… 207

参考文献 …… 210

项目 1 认知管理学

【学习目标】

☞ 知识目标

掌握管理、管理者、管理过程、管理对象、管理特点等管理基本概念和管理的重要意义；掌握古代管理思想、古典管理理论、行为科学管理理论和现代管理理论精髓；了解管理思想和理论，理解管理者与操作者的区别和管理者技能。

☞ 能力目标

能够运用管理思想或理论初步分析经典管理案例和实际管理问题。

☞ 素质目标

通过案例讨论，具备初步的管理专业素质。

【导入案例】

亿万富翁的"烧烤人生"

王宇,河北廊坊人,出身穷困,北漂一族。他由一个小小的烧烤摊起步,到自己发明创造无烟烧烤工具,使烧烤成为中华名小吃,先后获得"中国十大最佳创业项目奖"、"创业带动就业首选推荐项目"等荣誉。

30多年前,王宇出生于河北廊坊一个普通农家,当时改革开放之前的这个村庄,在廊坊穷得不能再穷。考上大学走出村子,成为他"寒酸"童年中唯一的梦想。都说"穷人的孩子早当家",还真是应了这句话,大学生活,王宇的世界只有两件事,一是学习,另一件是打工。打工可以挣钱,少让家里操心,这是王宇那个时候的唯一想法。大学的打工生活是一本有益的书,王宇在里面学到了知识,尝到了乐趣。每每晚上睡不着觉时,王宇就静静地思考,与其给别人打工,何不为自己打工?这种想法渐渐深入骨髓,在无数个寂静的夜晚里一点点地汇成了力量。

毕业后,当身边的同学都争先恐后地落实工作单位,抢着争着去找"铁饭碗"的时候,这位一直靠打工维持生活的穷学生却硬是借了5 000块钱,在廊坊开了一个做烧烤生意的小饭店。这是他人生中的第一份职业。可就连他自己都没想到,他这辈子干的第一个生意,命中注定似的打开了自己"烧烤人生"的篇章。

王宇很幸运。因为有学校打工的经验,善于经营的王宇把烧烤店的"炉火"烧得很旺,在这堆炭火里烧出的钱也让这个穷学生发懵了——一个月赚1万!这位毛头小伙子的内心深处只有一个感觉,那就是"没事偷着乐"。当时的烧烤店那叫一个红火,而这个烧烤店的小老板更是春风得意,所谓"人满堂,炉火旺",这位从大学里走出来的烧烤老板,也成为当地非常有名的烧烤师傅。于是"烟熏火燎"成为家常便饭,平日里肉烤得流油,人烤得流汗,烫手的铁钎天天在手里"翩翩起舞",烧烤店里每天的收入不断增加。

然而好景不长,这个小店在廊坊市政规划中被列为广场建设用地,"拆迁"两个大字写在了王宇烧烤店牌子的旁边,从此烧烤台的炉火再也没有点燃过。之后两三个月的时间里,王宇一直没找到继续开店的地点,他人生中的第一次"烧烤"也就此"熄火"。

后来一次去广州,偶然的发现使王宇与"烧烤"真正地结下了缘分。广州的夜晚热闹非凡,晚上和朋友一起吃饭,精明的王宇没对所吃的食物产生兴趣,而是对旁边一家烧烤店中的烧烤炉产生了兴趣。他发现这种燃气烧烤炉子虽然笨重,但是烧烤时居然没有一点油烟,这和王宇过去在廊坊的烧烤店里那种烟熏火燎真是天壤之别。恍惚间这位曾经的烧烤老板看到了一个前所未有的商机。无烟烧烤明显优于传统烧烤,如果能把这个产品拿来重新设计,使之变成轻巧、灵便的烧烤工具,再打造新概念推广上市的话,那市场大得连自己都不敢想,到那个时候,全国到处都是无烟烧烤的设备,不但挣钱,对环保也是一大贡献。于是在广州的那家无烟烧烤店里,王宇狠狠吃了一顿,那种味道到现在他依然能在记忆中找到。

回到北京后,王宇开始琢磨烧烤的炉子,整天叮叮当当,打造着自己的烧烤梦想,模型做了不知多少个,图纸不知画了多少张,终于,一个既轻便又实用的无烟烧烤小吃车诞生了。

从那一年开始,这个烧烤小产品成就了王宇张狂的烧烤梦想。他为产品投放广告,一开始去洽谈的时候开的是破得不能再破的羚羊车,开到目的地第一件事情,不是谈业务而是去修车。两年后,羚羊换成了上百万的奥迪,而这个烧烤小吃车,两年间竟然卖出了两亿的利润。

王宇说自己"仿佛是和烧烤有缘",而他对"烧烤"两个字也有着独到的解释:有形的烧烤,是一种职业;而人生更重要的是要经历无形的烧烤,谁都越不过这个坎,只有在无形的烧烤中磨炼、坚持才会脱胎换骨,就像烤肉,炉火越旺,味道才会越香……

自此,对烧烤怀有激情的王宇真正开始了自己的"烧烤"人生。

如今,王宇的烧烤已经在2007年获得"中华名小吃"称号,同时他还是中国烧烤行业协会的会员。他的无烟烧烤设备集烧烤、麻辣烫、铁板烧为一身,并获得国家发明专利。他自己发明的中药烧烤,夏天吃了不上火,还具有保健、凝神、静气的神奇功效;他发明的啤酒烧烤,完全中和了羊肉的腥味。这两项发明创新目前已经获得国家专利受理证书。

王宇,一个从农村走出来的大学生,目前已经在全国开了近3万家烧烤店,从烧烤小老板成为了名副其实的大富翁。

讨论题:

(1) 促使王宇大学毕业后创业的原因是什么?

(2) 王宇第一次创业失败的根源是什么?怎样才能能避免这样的失败?

(3) 王宇是怎么迅速积累财富的?

任务1　认识和理解管理

任务1.1　管理定义

什么是管理？仅从字面上看，管理有管辖、处理、管人、理事等意，即对一定范围内的人员与事务进行安排和处理，但是，这种简单的字面解释是不可能严格表达出管理本身所具有的完整意义的。关于管理的定义，至今仍未得到公认和统一。长期以来，许多中外学者从不同的研究角度出发，对管理作出了不同的解释，其中较有代表性的如下：

（1）管理就是确切地知道你要别人去干什么，并使他用最好的方法去干。在这里，强调管理就是效率，是协调团体的活动以达到共同的目标所努力的过程。

（2）管理是所有人类组织（不论是家庭、企业还是政府）共有的一种活动，这种活动主要由五项要素组成：计划、组织、指挥、协调和控制。所以，管理就是实行计划、组织、指挥、协调和控制。

（3）管理就是由一个或更多的人来协调他人的活动，以便收到个人单独活动所不能收到的效果而进行的各种活动。所以，管理就是设计一种良好的环境，使人在群体里高效率地完成既定目标。在这里强调了协调的重要性以及人在管理中的重要性。

（4）决策是管理的心脏，管理就是由一系列的决策组成，更确切地说，管理就是决策。

（5）管理就是一种实践，其本质不在于"知"，而在于"行"；其验证不在于逻辑，而在于成果。所以，管理的唯一权威就是成就。这里强调的是管理的实践特性和实用效果，避免了那种为了管理而管理行为的发生。

（6）管理还应当加入"创新"的功能，创新是当代管理和企业竞争的需要，是在技术革命浪潮中求得生存与发展的需要。的确，管理就是面对现实的一种挑战，但是，这种挑战又与常规的行为有所不同，它是运用智慧来解决现实的复杂矛盾。什么是智慧呢？它是事物之间联系最短的路径。一般常规的行为是有效的行为，但不一定是最合乎规律的行为,只有通过"创新"才能实现这种挑战。因此,管理必然是一种创新。

(7) 管理同土地、劳动力和资本一样,是一种生产要素或资源。实际上,管理已经成为社会发展不可或缺的最重要的因素,"成也管理,败也管理"说的就是管理的重要性。

(8) 管理是通过其他人完成工作的艺术。或认为管理是这样一种活动,即它发挥某些职能,以便有效地获取、分配和利用人的努力和物质资源,来实现某个目标。

(9) 管理是指通过信息获取、决策、计划、组织、领导、控制和创新等职能的发挥来分配、协调包括人力资源在内的一切可以调用的资源,以实现单独的个人无法实现的目标。

综上所述,可见即使是管理学家,他们每个人对管理的认识也是不同的,这说明了管理行为的复杂特性和人的认知差别影响。其实,管理的目的很简单,就是用最小的投入来获取最大的收益,但是,在管理的过程中往往因为很多具体问题的不确定性而很难达到这一目标。

总的来看,迄今为止,管理还没有确切的定义。过于简单地认识管理,就会在管理过程中因为事物的复杂和路径的不明确失去管理的指导意义;同样,如果把管理作为一种包罗万象、面面俱到的知识或教条,也会脱离管理的现实环境,使管理行为趋向复杂,而不能真正地解决问题。

上述定义从不同侧面揭示了管理的含义或管理的某一方面属性。我们可以将之概括为:管理是指人们为了实现某种预定目标而对组织内外资源进行计划、组织、指挥、协调和控制的综合性活动。管理是一种工作,要讲究工作的技巧和方法;管理是一种任务,强调目标和行动;管理是一种学问,是一种科学的知识体系,是管理实践经验的总结和升华,能用来指导管理实践;管理活动会形成特定的文化氛围,管理又是一种文化。

 案例讨论

鲁滨逊是一位管理者吗

鲁滨逊出生于一个体面的商人家庭,渴望航海,一心想去海外见识一番。他瞒着父亲出海去伦敦,不幸船在途中遇到风暴触礁,船上水手、乘客全部遇难,唯有鲁滨逊幸存,只身漂流到一个杳无人烟的孤岛上。他用沉船的桅杆做了木筏,一次又一次地把船上的食物、衣服、枪支弹药、工具等运到岸上,并在小山边搭起帐篷定居下来。接着他用削尖的木桩在帐篷周围围上栅栏,在帐篷后挖洞居住。他用简单的工具制作桌、椅等家具,猎野味为食,饮溪里的水。度过了最初的困难时期,他开始在岛上种植大麦和稻子,自制木臼、木杵、筛子,加工面粉,烘烤出了粗糙的面包。他捕捉并驯养野山羊,让其繁殖。他还制作陶器等,保证了自己的生活需要。他还在荒岛的另一端建了一个"乡间别墅"和一个养殖场。就这样,鲁滨逊在岛上独自生活了28年2个月零19天。他后来还拯救了很多人,教会他们一些生存技能,安排他们做事,并最终把这个荒岛变成了"幸福岛"。

讨论题:

鲁滨逊是一位管理者吗?

 小测试

"一个和尚挑水吃,两个和尚抬水吃,三个和尚没水吃。"这句俗语给我们的启示是
（   ）

A. 人多力量大
B. 合作是共享的基础,没有合作就没有共享
C. 合作就一定能成功
D. 人都有依赖性

任务1.2 管理者

管理者是管理行为过程的主体,管理者一般由拥有相应的权力和责任,具有一定管理能力,从事现实管理活动的人或人群组成。管理者及其管理技能在组织管理活动中起决定性作用。管理者通过协调和监视其他人的工作来完成组织活动中的目标,如企业的厂长、公司的经理、学校的校长、医院的院长以及各种组织中的各级管理部门的管理人员等。

1) 管理者的类型

一个组织有各种类型的管理人员,可以按照不同的标准进行划分。

（1）按照不同的管理层次,可以分为一线管理者、中级管理者和高级管理者。一线管理者主要管理那些涉及生产产品、提供服务的雇佣工人。其管理活动是把中级管理者的计划变成具体的作业计划,同时协调业务活动者的业务活动。一线管理者通常被称作主管。

中级管理者管理一线管理者的工作,其管理活动主要是把高级管理者的战略计划转变为可执行的行动计划,同时协调一线管理者的活动。中级管理者通常有区域经理、项目经理、策划经理等。

高级管理者是组织结构中的最高管理者,高级管理者有责任沟通组织与外部的联系,决定组织的大致方针,设定计划及对组织有利的任务目标。高级管理者通常有执行副总裁、总裁、总经理、业务总裁等。

(2) 按管理工作的范围与管理者职责领域,可分为综合管理者和职能管理者。综合管理者是指负责整个组织或部门全部管理工作的管理人员。他们是一个组织或部门的主管,对整个组织或该部门的目标实现负有全部责任,拥有这个组织或部门所必需的权力,有权指挥和支配该部门组织的全部资源与职能活动,而不是只对单一资源或职责负责。

职能管理者是指在组织内只负责某种职能的管理人员。这类管理者只对组织中某一职能或专业领域的工作目标负责,只在本职能或专业领域行使职权、指导工作。职能管理者大多具有某种专业或技术专长。

(3) 按职权关系的性质,可分为直线管理者和参谋人员。直线管理者是指有权对下级进行直接指挥的管理者。他们与下级之间存在着隶属关系,是一种命令与服从的职权关系。这种命令式的职权关系自上而下,从组织的最高层,经过中间层,一直延续到最基层,形成一种等级链。直线管理者的主要职能是决策和指挥。直线管理者主要指组织等级链中的各级主管及综合管理者。

参谋人员是指对上级提供咨询、建议,对下级进行专业指导的管理者。他们与直线管理者的关系是一种服务与协助的关系,上级直线管理者通常赋予参谋人员思考、谋划和建议的职责。参谋人员通常是指各级职能管理者。

2) 管理者的角色

(1) 管理者是具有职位和相应权力的人。管理者的职权是管理者从事管理活动的资格,管理者的职位越高,其权力越大。组织或团体必须赋予管理者一定的职权。如果一个管理者处在某一职位上,却没有相应的职权,那么他是无法进行管理工作的。韦伯认为管理者有三种权力。传统权力:传统惯例或世袭得来,比如帝王的世袭制;超凡权力:来源于别人的崇拜与追随,带有感情色彩并且是非理性的,不是依据规章制度而是依据以往所树立的威信;法定权力:即法律规定的权力,通过合法的程序所拥有的权力,比如通过直接选举产生的总统。

但实际上,在管理活动中,管理者仅具有法定的权力是难以做好管理工作的,管理者在工作中应重视"个人影响力",成为具有一定权威的管理者。所谓"权威",是指管理者在组织中的威信、威望,是一种非强制性的"影响力"。权威不是法定的,不能靠别人授权。权威虽然与职位有一定的关系,但主要取决于管理者个人的品质、思想、能力水平;取决于同组织人员思想的共鸣,感情的沟通;取决于相互之间的理解、信赖与支持。这种"影响力"一旦形成,各种人才和广大员工都会被吸引到管理者周围,心悦诚服地接受管理者的引导和指挥,从而产生巨大的物质力量。

(2) 管理者是负有一定责任的人。任何组织或团体的管理者,都具有一定的职位,都要运用和行使相应的权力,同时也要承担一定的责任。权力和责任是一个矛盾的统一体,一定的权力又总是和一定的责任相联系。当组织赋予管理者一定的职务和地位,从而形成了一定的权力时,相应的,管理者同时也就担负了对组织一定的责任。对于组织中的各级管理人员,责和权必须对称和明确,没有责任的权力,必然会导致管理者的用权不当;没有权力的责任是空泛的、难于承担的责任。有权无责或有责无权的人,都难以在工作中发挥应有的作用,都不能成为真正的管理者。

责任是对管理者的基本要求,管理者被授予权力的同时,应该对组织或团体的命运负有相应的责任,对组织或团体的成员负有相应的义务。权力和责任应该同步消长,权力越大,责任越重。比较而言,责任比权力更本质,权力只是尽到责任的手段,责任才是管理工作的本质。如果一个管理者仅有职权,而没有相应的责任,那么他是做不好管理工作的。管理者之所以与众不同,正因为他是一位责任者。如果管理者没有尽到自己的责任,就意味着失职,等于放弃了管理。

(3) 管理者扮演着多种角色,这些角色又可进一步归纳为三大类:人际角色、信息角色和决策角色。

人际角色直接产生自管理者的正式权力基础,管理者在处理与组织成员和其他利益相关者的关系时,他们就在扮演人际角色。人际角色又包括代表人角色、领导者角色和联络者角色。

在信息角色中,管理者负责确保和其一起工作的人员具有足够的信息,从而能够顺利完成工作。管理责任的性质决定,管理者既是所在组织的信息传递中心,也是组织内其他工作小组的信息传递渠道。整个组织的人员依赖于管理结构和管理者以获取或传递必要的信息,以便完成工作。管理者必须扮演的信息角色,具体又包括监督者、传播者、发言人三种角色。

在决策角色中,管理者处理信息并得出结论。如果信息不用于组织的决策,这种信息就失去了其应有的价值。决策角色具体又包括企业家、干扰对付者、资源分配者、谈判者四种角色。

3) 管理者的技能

管理者需要具备三种基本的技能或者素质,即技术技能、人际技能和概念技能。

(1) 技术技能(technical skills):是指熟悉和精通某种特定专业领域的知识,诸如工程、计算机科学、会计或者制造等。对于基层管理者来说,这些技能是重要的,因为他们直接处理员工所从事的工作。

(2) 人际技能(human skills):具有良好人际技能的管理者能够使员工对企业充满热情和信心。这项技能对于各个层次的管理者来说都是必备的。

(3) 概念技能(conceptual skills):是指管理者对复杂情况进行抽象和概念化的技

能。管理者必须能够运用这种技能,将组织看作一个整体,理解各部分之间的关系,想象组织如何适应它所处的广泛的环境。对于高层管理者来说,这种技能更加重要的。

不同层次的管理者,由于其工作内容的侧重点不同,需要掌握的各项管理技能的程度也是不一样的。各个层次管理者需要掌握的各项管理技能的多寡大致如图1-1所示。

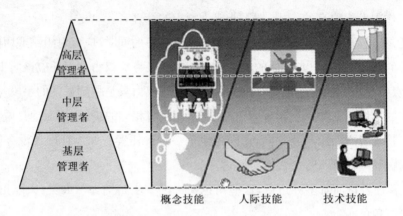

图1-1 管理者需要掌握的各项管理技能

管理者与操作者的区别

明月和芙蓉都是韩国乐坊里的舞者,两人参加新一任行首大人的选拔赛,通过跳舞竞选新一任的行首大人职位。两人为准备选拔都付出了努力。芙蓉谦虚地求教于各位前辈,博取众家之长,精益求精;明月流浪民间,历经艰苦、执著追求,领悟出舞者的灵感来源于生活,舞的精神体现在"于无声中感受音律"。比赛中,芙蓉凭借娴熟的功底,在乐手的伴奏中超越了各位前辈。而明月坚持不遵循传统,不需要乐手的音律伴奏,在无声中起舞。舞至高潮,全场的人均为她的舞韵所感动,乐手情不自禁跟着她的节拍奏起音律。明月终于获得全场的掌声,赢得了比赛。

难得的是,带头给明月鼓掌的正是明月的竞争对手——芙蓉。也正是芙蓉,在早期就发现了明月的舞蹈天赋,极力向行首大人推荐明月,允许明月在乐坊中跳舞,结果自己在舞蹈上输给了明月。

按照常规,新一任的行首大人,应由胜出的明月担任。出乎意料的,现任行首大人,却任命芙蓉担任新一任的行首大人。芙蓉自己百思不得其解,恳求行首大人收回成命。行首大人一语道破:明月是一名非常杰出的舞者,她的专长是跳舞,不让她跳就是毁掉了一名杰出的舞蹈家。芙蓉具有任人唯贤的公正心态。行首大人的职责,就是不断地发现新人,敢于让新人超越自己,没有宽大的胸襟是做不到的。

讨论题：

从管理者技能角度看，为什么芙蓉会胜出？

任务1.3　管理过程

　　管理是人们进行的一项实践活动，是人们的一项实际工作、行动。人们发现，在不同管理者的管理工作中，管理者往往采用程序具有某种类似、内容具有某些共性的管理行为，即管理所包括的计划、组织、领导、控制四项活动，又被称为四项职能。

　　从理论上讲，这四项职能是按一定顺序发生的。计划职能是首要职能，因为管理活动首先从计划开始，而且计划职能渗透在其他各种职能之中，或者说，其他职能都是为执行计划职能即实现组织目标服务的。为了实现组织目标和保证计划方案的实施，必须建立合理的组织机构、权力体系和信息沟通渠道，因此产生了组织职能。在组织保证的基础上，管理者必须选择适当的领导方式，有效地指挥、调动和协调各方面的力量，解决组织内外的冲突，最大限度地提升组织效率，于是产生了领导职能。为了确保组织目标的实现，管理者还必须根据预先制订的计划和标准对组织成员的各项工作进行监控，并纠正偏差，即实施控制职能。可见，管理过程是先有计划职能，之后才依次产生了组织职能、领导职能和控制职能，这体现了管理过程的连续性。

　　从管理实践来考察，管理过程又是一个各种职能活动周而复始地循环进行的动态过程。例如，在执行控制职能的过程中，往往为了纠正偏差而需要重新编制计划或对原有计划进行修改完善，从而启动新一轮管理活动。

1) 计划职能

　　计划是管理的首要职能，是在活动实施前，通过调查预测未来，确定企业的发展方向、目标和方针，制订和选择方案。

　　计划职能的内容包括：调查、预测和决策；制订各项计划；制定实施计划的战略和策略。

2) 组织职能

　　组织职能指为实现企业的计划和目标，对企业的生产经营活动进行合理的分工和协作组合，合理地配备和使用企业各种资源的管理活动。

　　组织职能的内容包括：建立组织机构并根据变化变革组织；划分职责和职权；合理

配置各种要素。

3) 领导职能

领导职能就是管理者利用组织所赋予的职权和自身拥有的权力去指挥、影响和激励组织成员为实现组织目标而努力工作的具有很强艺术性的管理活动。

领导职能的内容包括：领导方式的选择；对下属的指挥、沟通和激励。

4) 控制职能

控制职能就是在计划和指令发出后，把执行的情况及时反馈回来，与原定的计划、指令相比较，发现差异，找出原因，及时采取措施并加以纠正，以确保计划目标实现的一类管理活动。

控制职能的内容包括：制定控制标准；选择控制方法；衡量实际效果；采取改进措施等。

 案例讨论

扯 皮

李董先洗把脸，清醒了一下脑神经，然后再去主持年终总结会议，可还没等他走进会议室，门缝里便传出了阵阵争吵声。

"今年我们部门人员最辛苦，为集团创造的效益也比其他部门要大……"

另一个声音马上响起："你们部门所谓的辛苦，是因为你们的效率太低，而我们部门尽管加班时间不多，却每次都提前完成工作任务。"

"好，现在开始开会。"李董知道，如果自己不发话，这样的争吵会一直持续下去，"今天的会议主题是本年度工作总结，希望各位踊跃发言。"

"那好，我就先介绍一下我们销售部今年的工作状况。"销售部经理说，"今年的销售额总体上比去年有所增长，但增长速度放缓。主要原因有：第一，我们的产品过于单一，产品更新换代无法跟上，研发部所开发出来的新产品不能很好地适应客户的需求，产品落后于竞争对手。第二，我们的员工流失率过高，一些优秀的销售人员被竞争对手挖走后，一批客户也流失了，另外，新进员工不能马上承担起相应的职责。第三，我们的产品成本太高，在价格上没有竞争优势。我想，如果研发部、人力资源部、采购部、生产部等部门能把上述问题解决好，那集团的销售状况也不至于走到现在这种境地……"

研发部经理听到销售部在指责研发部，马上予以反驳："研发本来就是一项漫长的工作，需要在长时间的技术积累及充足的资金基础上进行创新。我们的研发费用仅为竞争对手的1/3，财务部还一再削减我们的预算。还有，近来研发部的几名优秀主管也跳槽了,而人力资源部招聘的新员工又无法马上充当'顶梁柱'。即便如此,我们的研发效率还是高于竞争对手。所以,产品滞后于市场,主要是我们的研发战略定位有问题,而且销售部并没有把客户的真实需求及时反馈,这才是最根本的原因。话说回来,研发部只对产品负责,而不对市场负责。如果产品从诞生起就非常抢手,那还要你们销售部门干什么?"

"是啊,我比较赞同研发经理的观点。"生产部经理附和道,"销售部是负责市场的,产品成本高的责任也不在我们生产部门。今年我们的产量同比增长了20%,加工成本与库存成本与去年同比却下降了5%。我们部门的员工流失率也比较高,新员工都没有经验,导致生产部整体效率下滑。即使如此,我们仍然实现了20%的增产。如果人力资源部能将相关工作做好一些,我们的成绩会更突出。产品生产成本的增加是因为原材料的采购价格与去年相比上升了17%,我能有什么办法呢?"

"按你的意思就是我们采购部有问题啦?"采购部经理说道,"不错,采购价格与去年相比是提高了。全世界可供选择的供应商就那么几个,今年几大供应商同时宣布提价,我能有什么办法?难道不采购吗?为了进一步巩固与几大供应商之间的关系,我们也曾经向财务部申请增加相应的交际经费,但财务部认为这不是正常的活动经费,一分钱也没给批。"

"难道大家认为这是财务部的过错吗?"财务部经理话语中带着明显的不悦,"财务部是集团资金的管控部门,需要对集团的各种资金动向负责。你们总是抱怨财务部对你们的费用管得太严,抱怨这项或那项的经费没有批,可你们不问问自己,你们所申请的经费都符合集团的规定吗?今年各部门的费用明显增加,再加上采购成本的上升,直接导致了今年集团利润率的下降。我倒想问问各位,你们真是为集团在省钱吗?如果事情没做好,我想应该多从自身找原因,别什么事都拿资金匮乏当借口。"

"是啊,我也认为各部门应该从自身找原因,不要把问题的症结统统归咎于其他部门。"事已至此,人力资源部经理也不再沉默,继续说道,"人员流失问题,首先与各部门是否能很好地管理与激励本部门员工有紧密的关系,为什么我们人力资源部没出现严重的人员流失呢?对于新员工,如果你们认为其能力不能满足岗位要求,那为何当初招聘的时候没提出来呢?这些员工可都是经过你们面试并同意之后才招进来的。如果现在把全部责任都推到人力资源部的头上,这不合理吧?"

……

一时之间,好不热闹。因为从表面看来,各部门都能在争吵中找到堂皇的理由,似乎是"公说公有理,婆说婆有理"。这使得李董感到非常困惑,也异常的气愤。

讨论题:

从管理过程来看,你认为该公司存在哪些管理问题?

任务1.4　管理对象

管理对象也称为管理客体,是指管理者实施管理活动的对象。在一个组织中,管理对象主要是指人、财、物、信息、技术、时间、社会信用等一切资源。管理中最重要的是对人的管理。相应的,按管理对象分,管理可以分类为人力资源管理、财务管理、物资管理、信息管理、技术管理、时间管理、金融管理、公共关系管理,等等。

1) 人力资源管理

这里的"人"指被管理的生产人员、技术人员以及下属管理人员。从长远的发展来看,人力资源管理还应包括预备劳动力的培养教育以及整个人力资源的开发利用。人是社会系统中最基层的子系统,是社会的细胞,高效能的管理应该使人尽其才,才尽其用,用人所长。

人是整个管理中最活跃、最能动、最积极的因素,组织活力的源泉在于脑力和体力劳动者的积极性、智慧和创造力。所以,管理的首要任务是对人的管理,通过对人的组织、指导和调节,调动人的主动性、积极性和创造性,做到人尽其才。

管理者的责任就是帮助被管理者选择其在管理系统中的角色和掌握必要的知识、技能,让被管理者了解自己的位置、职能、权利和义务,并为被管理者的活动确定方向,引导他们去为实现管理系统的目标而努力。

人有意识,不是完全被动地接受管理。被管理者的思想观念、工作作风、行为准则如何,直接影响到管理活动的效果。因此管理者不仅应给予他们优厚的物质待遇,更重要的是给他们一个宽松的创业、创新的环境,采取人性化管理。

在具体的管理活动中,如果管理者只满足于组织成员对管理系统的制度、秩序和组织纪律的遵守的话,那是一种消极的管理。积极的管理在于调动组织成员的积极性、主动性和能动性。这就要求管理者必须认识和理解组织成员的个性、社会性和能动性,并在这个基础上,根据人的不同情况进行管理,从而使对人的管理具体地落实到每一个人身上。

管理的基本任务是要协调人与人的关系、组织成员与组织目标的关系,创造有益于组织也有益于组织成员个人的环境,使管理系统的目标与组织成员个人的目标结合起来,充分调动全体组织成员的积极性。

管理系统中人际关系的和谐是衡量管理者管理活动的标准,管理者只有做到如下几个方面,才能有效地协调人际关系:

(1) 善于不断地鼓舞组织成员的士气:管理者自己应当表现出坚定的实现管理系统目标的信念、坚持不懈的精神、百折不挠的意志,从而形成强大的人格魅力,以期对全体组织成员施加影响,激发组织成员的士气。

(2) 善于体察和引导组织成员的工作目的:组织成员的工作目的并不是整齐划一的,管理者有必要根据人们的不同需要来具体地实施管理,还需要积极地引导组织成员的需要,以便使其成为实现组织目标的动力。

(3) 创造良好的内部环境:管理者应当积极地创造一种可以保证组织成员心情舒畅的内部环境。

(4) 善于综合运用行政的、经济的、法律的和思想工作的手段去管好人和用好人,善于运用激励手段。

2) 财务管理

财包括经济和财务,是一个组织在一定时期内所掌握和支配的物质资料的价值表现。对财力的管理就应该按经济规律进行有效管理,使资金的使用保证管理计划的完成。

3) 物资管理

物资管理指对设备、材料、仪器、能源以及其他物资进行管理,使之物尽其用,提高利用率。

物是管理系统中的基础,一切管理活动必须建立在物质基础上,通过物质手段来实现。

在企业管理中,物主要是指生产资料、资金等;在行政管理中,物主要是指行政机构本身和支持行政工作运行的物资设施等;在财务管理中,物主要是资金等。

在不同的组织中,物的比重不同,像制造工厂等管理系统,物的因素所占比重较大,而文化、教育、社团以及公共管理系统,物的因素所占比重较小。

物的管理是对管理中所必需的各种物质要素的供应、保管、使用、维护、处理等,具有如下几个方面的任务:

(1) 保证生产经营管理系统的正常运行:这是最基本的任务,任何管理系统所必需的物资应当得到合理的管理和有序的安排,以使管理系统能够正常地发挥其管理的职能。

(2) 提高管理效率:管理系统中物的管理不仅使物资供给得到保证,而且对物的合理管理和有序安排也是提高管理效率的有效途径。

(3) 节约物资消耗:物的管理可以使物尽其用,使管理系统中已经拥有的物都发挥其应有的作用,同时对将要进入管理系统中的物加以过滤,保证那些必要的物进入管理系统,从而实现以最小的物资消耗,取得最大的管理效益。

4) 时间管理

时间是物质存在的一种客观形式,表现为速度、效率,由过去、现在、将来构成连绵不断的系统。高效能的管理应该考虑如何在尽可能短的时间内,做更多的事情,充分利用时间。

5) 信息管理

信息是具有新内容、新知识的消息。在整个管理过程中,信息是不可缺少的要素,信息的管理是提高管理效能的重要部分。

在整个管理过程中,信息在决策、计划、组织和控制等每一个环节中都发挥着重要的作用。现代管理非常重视对信息的管理,而且通过设置专门的管理信息系统来进行信息的收集和处理。

信息给管理以不断发展的动力,使之日臻完善;信息给人以智慧,激发其创造力。有以下公式:

$$信息＋管理＋人才＝最大的创造力$$

从这个公式可以看出,信息是促使发展的最优手段,信息在管理中起着举足轻重的作用。

6) 技术管理

科学技术是第一生产力。在知识经济时代,科学技术在一个组织的发展中起着十分重要的作用。现代组织,尤其是现代企业必须加大科技投入,加强科技开发的力度,搞好技术改造,推进科技进步,建立自己的科技研发体系,搞好技术创新,形成企业的核心竞争力,才能促进组织的可持续发展。

案例讨论

何为企业最重要的管理对象

在美国,与"汽车大王"福特、"石油大王"洛克菲勒等大财阀的名字列在一起的,还有一个"钢铁大王"——卡内基。卡内基钢铁公司白手起家建成一个生产钢铁的大型钢铁联合企业而获得优势,且数十年保持世界最大钢铁厂的地位,几乎垄断了美国钢铁市场。卡内基与洛克菲勒、摩根齐名,是当时美国经济界的三大巨头之一。他从不名一文的移民成长为堪称世界首富的"钢铁大王",而在功成名就后,他又将几乎全部的财富捐献给社会。他生前捐赠的款额之巨大,足以与死后设立诺贝尔奖金的瑞典科学家、实业家诺贝尔相媲美,他也由此成为美国人心目中的英雄和个人奋斗的楷模。

当卡内基迈出进军钢铁业的第一步时,就开始大胆引进最先进的生产技术和人才,大刀阔斧改进生产管理,不断地改进钢铁生产技术,降低成本,使自己一次又一次走向成功。

到了19世纪末20世纪初,卡内基钢铁公司已成为世界上最大的钢铁企业。它拥有2万多名员工以及世界上最先进的设备,它的年产量超过了英国全国的钢铁产量,它的年收益额达4 000万美元。卡内基是公司最大的股东,但他并不担任董事长、总经理之类的职务。他的成功在很大程度上取决于他任用了一批懂技术、懂管理的人才。时至今日,人们还常常引用他的一句名言:"如果把我的厂房设备、材料全部烧毁,但只要保住我的全班人马,几年以后,我仍将是一个钢铁大王。"

在他成名之后,有新闻记者问他怎样取得今天这样的成就的。卡内基回答说:"我之所以能成功,有两个基本因素:第一,我自幼出生在贫苦之家,小时候常常吃了上一顿,不知道下一顿的食物在哪里。我晚上常听见父母为了穷困而叹息。所以我从小就力求上进与发奋,决心到长大之后要从我手中击败穷困。第二,凡事不论大小,都要认真地去做。我12岁时做过纺织工人,我努力地要把纱纺好。后来我又做过邮差,我尽量记住我那邮区里每户人家的姓名、住宅外貌,到后来几乎每一家我都熟识了。努力把每一件小事情认真地做好,以后才有人敢把大事情放心地交给你。"

对于想创业的年轻人,卡内基曾经说出这样的话:"不要以为富家的子弟得到了好的命运。大多数的纨绔子弟,做了财富的奴隶,他们不能抵制任何的诱惑,以至于陷入堕落的境地。要知道,享乐惯了的孩子,绝不是那些出身贫贱的孩子的对手。一些穷苦的孩子,甚至穷苦得连读书的机会也没有的孩子,成人之后却成就了大事业。"所以,"一个年轻人所能继承到的最丰厚的遗产,莫过于出生于贫贱之家"。卡内基的成功秘诀就是:历尽风雨,不当"大国臣",誓为"小国君";经商利益为上,不拘私人情感;将财富回馈社会,赢得世人景仰。

讨论题:

(1) 如何理解卡内基说的一句话:"如果把我的厂房设备、材料全部烧毁,但只要保住我的全班人马,几年以后,我仍将是一个钢铁大王"?

(2) 卡内基的经历给人们什么样的启迪?

任务1.5　管理特点

管理是一门科学。它是对社会生产时间中管理活动规律的总结。管理科学揭示管理的规律性,对管理者的管理活动予以普遍性指导,使管理成为规范化的理性行为。掌握了系统的科学的管理知识,就有可能对组织中存在的问题提出可行的、正确的解决办法。管理的科学性要求人们重视管理理论和知识的学习。

管理又是一门艺术。管理是以人为中心的管理,管理活动自始至终,在每一个环节上都是与人打交道的。管理的核心是处理组织中的各种人际关系,而不同的人的心理特点和素质各不相同,组织面临的环境又复杂多变,这要求管理者能审时度势,随机应变。因此,管理体现出高超的艺术性。管理的艺术性说明理论不是万能的,管理工作要做到卓有成效,除了要有理论知识,还要重视实践,在实践中提高管理的艺术水平。

因此,管理应该是理论与实践的统一,是科学与艺术的统一,偏颇任何一方面,都是不应该的。

 案例讨论

"闲可钓鱼"与"无暇吃鱼"

1)"闲可钓鱼"的王业震

新港船厂是一家大型企业,王业震担任该厂厂长。该厂有职工6 500人,固定资产1.2亿元。在日常工作中,王业震规定,上级不可越级指挥,但可越级调查;下级不可越级请示,但可越级投诉。明确每个人只有一个直接上级,而每个上级直接管辖的下属为3~9人。归厂长王业震本人直接领导的只有9人。此外,专设3个"厂长信箱",随时了解职工的意见和建议。一次,某车间工人来信反映某代理工段长不称职,王业震于第二天收阅后批转有关部门查处,经调查属实,随即作人事调整,前后仅5天时间。该厂还对会议做了改革。全厂必须召开的15个例会,时间、地点、出席人员都通过制度固定下来。一般会议不超过2小时,每人发言不超过15分钟。王业震本人每周只召集两次会:厂长办公会和总调度会。王业震基本上按时上下班,很少加班加点。每逢出差外出,他就委托一位副厂长代行职权。厂里曾经委派一位中层管理人员去日本监造主机,行前又明确授权让他一并购买主机控制台用的配件。那人到日本后,却接连就价格、手续、归期等事项挂国际长途电话向厂里请示。王业震的答复是:将在外,君命有所不受。你是厂里的全权代表,可以做主,不要遇事请示,那里的事你相机定夺嘛。今后再挂电话来,电话费由你自己付。

在王业震领导下,该厂事业蒸蒸日上。

2)"无暇吃鱼"的步鑫生

海盐衬衫总厂从一个仅有30多名职工的合作社性质的小厂,发展到1983年拥有固定资产净值107万元,600多名职工,当年工业总产值1 028万元,实现利润52.8万元,厂长步鑫生可谓功不可没。

步鑫生为厂里大大小小的事情操心,可谓殚精竭虑、废寝忘食。他性喜吃鱼,却忙得连吃鱼也顾不上了。有一次,食堂里没有别的菜,只有鱼。鱼颇鲜美,正合口味,可是他只吃了几口,因为太费时间,张口将未及咀嚼的鱼连肉带刺吐了出来,三口两口扒饭下肚,急匆匆地走了。他每天工作十五六个小时,从不午睡,每次出差,都是利用旅途小憩,到达目的地立即投入工作。

步鑫生常对厂里职工说:"上班要拿出打老虎的劲头。慢吞吞,磨蹭蹭,办不好工厂,干不成事业。"他主持制定的本厂劳动管理制度规定:不准迟到早退,违者重罚。有位副厂长从外地出差回来,第二天上班迟到了 3 分钟,也被按规定扣发工资。以 1983 年计,全厂迟到者仅 34 人次。步鑫生本人开会、办事分秒必争,今天要办的事绝不拖到明天。在他的带动下,全厂上下形成了雷厉风行的作风。只要厂内广播一通知开会,2 分钟内,全厂 30 名中层以下干部凡是在厂的全都能到齐。开会的时间一般不超过 15 分钟。

进入 1984 年,一阵风在中国刮起了"西装热"。步鑫生先是不为所动,继而办起了一个领带车间,最后终于作出了兴办西装分厂的决策。在与上级主管部门领导的一次谈话中,前后不过 2 小时,步鑫生作出了这一重大决策。副厂长小沈闻讯提出异议:"不能这样匆忙决定,得搞出一个可行性研究方案。"然而,这一意见被步厂长一句"你懂什么"否定了。一份年产 8 万套西装、18 万美元的估算和外汇额度的申请报告送到了省主管部门,在那里又加大了倍数,8 万套成了 30 万套,18 万美元成了 80 万美元,层层报批、核准,6 000 平方米的西装大楼迅速开始施工,耗资 200 万元。

无奈好景不长。宏观经济过热急剧降温,银根紧缩,国家开始压缩基建规模。海盐厂的西装大楼被迫停工。与此同时,市场上一度十分抢手的西装也出现了滞销迹象。步鑫生是靠衬衫起家的,年产 120 万件的产量和"唐人"、"三毛"、"双燕"三大牌号的衬衫令他引为自豪,但代表本厂水平的"唐人"牌高级衬衫在全国同行业产品评比中落选了。

1985 年秋,步鑫生被选送浙江大学管理专业深造。他并不因此而稍有懈怠,企业严峻的经营状况令他放心不下。他频频奔波于厂校两地,在厂的日子远多于在校。半年之后,他退学回厂,决心以 3 年时间挽回企业的颓势。

仍然是精明强干的步鑫生,他的助手多数也很能干,只是当他从早到晚忙着处理厂里的大事小事时,他的助手似乎插不上手。步鑫生备尝创业的艰辛,终因企业濒临破产窘境而被免去厂长之职。

"我没有预感到会有这个结局。"步鑫生这样说。他进而补充了一句:"我是全心全意扑在事业上的。"副厂长小刘也不讳言:"到现在为止,我敢说步鑫生仍是厂里工作热情最高的人。"

讨论题:

两位企业家成功管理与失败管理的根源是什么?

任务 2　管理思想及理论

任务 2.1　古代管理思想

自从有了人类活动,就有了早期的管理实践活动,至今已有 6 000 年的管理实践活动历史。

埃及在公元前 2700 年到前 2100 年期间建造了大批金字塔,巨大的方石如何采集、搬运、堆砌,众多人员如何安排吃、住、行等,都对计划和管理能力提出了很高的要求。罗马帝国强盛时期的疆域,西起英国,东至叙利亚,包括整个欧洲和北非,人口约 5 000 万。这个庞大帝国的统治为后人提供了许多分权和集权等管理方面的经验。

1) 我国古代管理思想

中国古代管理思想博大精深,虽然没有形成完整的体系,但毕竟是我们先人审慎思考的结果,我们承认其在认知上存在某种不足,但也绝对不是一无是处,因此,在对待我国传统管理思想的问题上,我们要取其精华而去其糟粕。

《周礼》《墨子》《孙子兵法》等对于计划、组织、指挥、用人等,都有不少适用于今天的精辟见解。《论语》《孙子兵法》《老子》《三国演义》今天已经成为日本、韩国等国企业家的必读之书。

中国古代的管理思想及理论框架基本形成于先秦至汉代这一时期,主要体现在先秦到汉代的诸子百家思想中,如儒家、道家、法家、兵家、商家等。许多古代经典著作,如《论语》《道德经》《孙子兵法》《九章算术》《三国演义》《红楼梦》等,充分反映了我国古代成功的管理思想和经验。《老子》主要体现了管理者的权变谋略和在管理过程中的境界、素质及管理原则的思想;《孙子兵法》主要体现了管理者在人事、决策、环境、组织等方面的战略思想;《韩非子》主要体现了管理者的统御谋略思想;《论语》《孟子》《荀子》主要体现了管理者如何处理人际关系的谋略思想;《三国演义》主要体现了管理者的创造性管理思维;《红楼梦》主要体现了管理者以法治家的时效管理思想;而《九章算术》则是我国古代培训管理人员及供他们日常应用的手册,其中三分之二的题目可与财政或工程官员职能相对应,堪称两千年前世界管理数学之最。

从宏观的角度看,中国古代管理思想大致可分为三个部分:治国、治生和治身。治国主要是处理整个社会、国家管理关系的活动,即"治国之道"。它是治理整个国家、社会的基本思路和指导思想,是对行政、军事、人事、生产、市场、田制、货币、税赋、漕运等方面管理的学问。治生是在生产发展和经济运行的基础上通过官、民的实践逐步积累起来的,包括农副业、手工业、运输、建筑工程、市场经营等方面的管理学问。治身主要是研究谋略、用人、选才、激励、修身、公关、博弈、奖惩等方面的学问。

2) 我国古代管理名言

下面简单介绍儒家学派和兵家学派对于现代企业管理有着重要启示的名言。

（1）儒家学派:代表人物为孔子、孟子和荀子等。

① 管理模式(以人为本)

其身正,不令而行;其身不正,虽令不从。

喜怒哀乐之未发,谓之中;发而皆中节,谓之和。

中庸之为德也,其至矣乎！民鲜久矣。

过犹不及。

君子求诸己,小人求诸人。

工欲善其事,必先利其器。

② 管理手段(道德)

言必信,行必果。

己所不欲,勿施于人。

君子怀德,小人怀土;君子怀刑,小人怀惠。

天时不如地利,地利不如人和。

为政以德,譬如北辰,居其所而众星拱之。

温、良、恭、俭、让。

德不孤,必有邻。

德之不修,学之不讲,闻义不能徙,不善不能改,是吾忧也。

人无远虑,必有近忧。

③ 人才管理

文、行、忠、信。

君子和而不同,小人同而不和。

不知命,无以为君子也。不知礼,无以立也。不知言,无以知人也。

君子泰而不骄,小人骄而不泰。

④ 社会责任(和为贵)

君子喻于义,小人喻于利。

⑤ 领导(阴阳互补)

不在其位,不谋其政。

为政在人。

其人存,则其政举;其人亡,则其政息。

视其所以,观其所由,察其所安。

君子信而后劳其民,未信则以为厉己也。信而后谏,未信则以为谤己也。

君子有三变:望之俨然,即之也温,听其言也厉。

道不同不相为谋。

⑥ 管理目标(富民、安民)

人无远虑,必有近忧。

道之以政,齐之以刑,民免而无耻;道之以德,齐之以礼,有耻且格。

君子尊贤而容众,嘉善而矜不能。我之大贤与,于人何所不容?我之不贤与,人将拒我,如之何其拒人也?

无为而治。

(2) 兵家学派:代表人物为孙武、孙膑等。

① 用人之道

将者,国之辅也。

智、信、仁、勇、严。

② 管理之道

践墨随敌,以决战事。

能因敌变化而取胜者,谓之神。

令之以文,齐之以武。

上下同欲者胜。

视卒如婴儿。

视卒如爱子。

三军可夺气,将军可夺心。

③ 决策之道

以全策争全胜。

知己知彼,百战不殆。

知天知地,胜乃无穷。

受爵禄百金,不知敌之情者,不仁之至也,非人之将也,非主之佐也,非胜之主也。故明君贤将,所以动而胜人,成功出于众者,先知也。

因间、内间、反间、死间、生间。

④ 经营之道

战势不过奇正。

凡战者,以正合,以奇胜。故善出奇者,无穷如天地,不竭如江河。

计利以听,乃为之势,以佐其外。

辞卑而益备者,进也。

辞强而进驱者,退也。

无约而请和者,谋也。

来委谢者,欲休息也。

上兵伐谋,其次伐交,其次伐兵,其下攻城。

⑤ 后勤保障

凡用兵之法,驰车千驷,革车千乘,带甲十万,千里馈粮,则内外之费,宾客之用,胶漆之材,车甲之奉,日费千金,然后十万之师举矣。

 案例讨论

吴 宫 教 战

孙子武者,齐人也,以兵法见于吴王阖闾。阖闾曰:"子之十三篇,吾尽观之矣,可以小试勒兵乎?"对曰:"可。"阖闾曰:"可试以妇人乎?"曰:"可。"于是许之。出宫中美女,得百八十人。孙子分为二队,以王之宠姬二人各为队长,皆令持戟。令人曰:"汝知而心与左右手、背乎?"妇人曰:"知之。"孙子曰:"前,则视心;左,视左手;右,视右手;后,即视背。"妇人曰:"诺。"约束既布,乃设铁钺,即三令五申之。于是鼓之右,妇人复大笑。孙子曰:"约束不明,申令不熟,将之罪也。"复三令五申而鼓之左,妇人复大笑。孙子曰:"约束不明,申令不熟,将之罪也;既已明而不如法者,吏士之罪也。"乃欲斩左右队长。吴王从台上观,见且斩爱姬,大骇。趣使使下令曰:"寡人已知将军能用兵矣。寡人非此二姬,食不甘味,愿勿斩也。"孙子曰:"臣既已受命为将,将在军,君命有所不受。"遂斩队长二人以徇。用其次为队长,于是复鼓之。妇人左右前后跪起皆中规矩绳墨,无敢出声。于是孙子使使报王曰:"兵既整齐,王可试下观之,唯王所欲用之,虽赴水火犹可也。"吴王曰:"将军罢休就舍,寡人不愿下观。"孙子曰:"王徒好其言,不能用其实。"于是阖闾知孙子能用兵,卒以为将。西破强楚,入郢,北威齐晋,显名诸侯,孙子与有力焉。

讨论题：
（1）孙子为什么在开始训练时"三令五申之"？
（2）既然已经三令五申之，为什么妇人开始大笑为将之罪？
（3）吴宫教战对于现代企业管理有哪些启示？

任务2.2　西方古典管理理论

1）泰罗的科学管理理论

被后人称为"科学管理之父"的弗雷德里克·温斯洛·泰罗（Taylor,1856—1915）出生于美国费城一个富裕的律师家庭。他19岁时考上了哈佛大学，但因眼睛不好而被迫辍学，于是就进入了一家小机械厂当徒工，22岁时进入费城米德维尔钢铁公司，开始当技工，后来迅速被提升为工长、总技师，28岁时任钢铁公司的总工程师。他进行了一系列实验，系统地研究和分析工人的操作方法和劳动所花的时间，在此基础上逐步形成后来被称为"科学管理"或"泰罗制"的管理理论和制度。

（1）泰罗的实验

① 搬运铁块实验：1898年，泰罗在从事管理研究时看到公司搬铁块的工作量非常大，有75名搬运工人负责这项工作，把铁块搬上火车运走。尽管每个工人都十分努力，但工作效率并不高，每人每天平均只能搬运12.5吨的铁块。泰罗经过认真的观察分析，最后测算出，一个好的搬运工每天应该能够搬运47吨，而且不会危害健康。

泰罗首先科学地挑选工人，并进行了培训。经反复挑选，他找到的这个人是个大块头、强壮的荷兰移民，叫施米特。泰罗用金钱来激励施米特，使他按规定的方法装运生铁。泰罗的一位助手按照泰罗事先设计好的时间表和动作对这位工人发出指令，如搬起铁块、开步走、放下铁块、坐下休息等。泰罗试着转换各种工作因素，试验了行走的速度、持握的位置和其他变量，以便观察它们对施米特的日生产率的影响。通过长时间的试验，这名工人平均每天的工作量从原来的12吨猛增至每天装运48吨，工资也增加了70%，于是其他人也渐渐要求泰罗指导他们掌握新的工作方法。从这以后，搬运工作的定额就提高到了47.5吨。泰罗的这项研究把工作定额一下提高了将近三倍，工人的工资也有所提高。期间泰罗几乎完成了每一项重要工作的动作研究，为制定合理的工作定额打下了良好的基础。

② 铁砂和煤炭的铲掘实验：早先铲掘工人是自备铲子到料厂去干活的，用铲子去

铲铁砂，每铲的重量太大容易疲劳；而用同一个铲子去铲煤则每铲的重量又不足。泰罗研究发现，当一个工人在操作中的平均负荷量大致是每铲21磅时，他就能干出最大的工作量。因此他在进行实验时就不让工人自己带铲子，而是准备了8～10把不同的铲子，每种铲子只适合于铲特定的物料，这不仅是为了使工人能平均铲掘达到21磅，也是为了使这些铁铲能适应若干的条件。为此他建立了一间大型工具房，里面存放着精心设计的各种工具。同时他还设计了两张有标号的纸卡，一张说明工人在工具房所领的工具和该在什么地方干活，另一张说明一天工作的情况，也就是一份工人干活的说明书，上面还记载着前一天的收入。在工人们取得白色纸卡的时候，工人就会明白一切正常，而当取得黄色纸卡的时候就意味着要加油干了，否则的话就要调离工作。泰罗这项实验主要是要表明"每一项简单的动作都隐含一种科学的成分"。

(2) 科学管理理论要点

① 科学管理的中心问题是提高劳动生产率。

② 为工作挑选"第一流的工人"。所谓"第一流的工人"，是指那些自己愿意努力干，工作对他又适合的工人。泰罗还认为培训工人成为"第一流的工人"是领导方面的责任。

③ 要使工人掌握标准化的操作方法，使用标准化的工具、机器和材料，并使作业环境标准化，即所谓标准化原理。

④ 实行刺激性的工资报酬制度。

⑤ 为提高劳动生产率，工人和雇主双方都要来一次"精神革命"。雇主关心的是低成本，工人关心的是高工资，只有劳动生产率提高了，他们才可以都达到自己的目的。所以，双方必须变相互指责、怀疑、对抗为互相信任和合作。他们共同努力所创造的盈余足够给工人增加工资，并同样给制造业者增加利润。

⑥ 把计划职能与执行职能分开。

⑦ 用标准化的方法代替经验工作法。

⑧ 实行职能工长制。

⑨ 实行例外管理。例外原则，就是企业的高级管理人员把一般的日常事务授权给下级管理人员去处理，而自己只保留对例外事项的决策权和监督权，如有关企业重大政策的决定和重要人事的任免等。泰罗提出的这种以例外原则为依据的管理控制原则，后来发展成为管理上的分权化原则和实行事业部制等管理体制。

2) 法约尔的一般管理理论

亨利·法约尔被后人称为"一般管理理论之父"。他认为按照管理一般过程，管理职能包括计划、组织、命令、协调和控制。他还提出了著名的管理14条原则：

① 劳动分工原则(division of work)。
② 权力与责任原则(authority and responsibilities)。
③ 纪律原则(discipline)。
④ 统一指挥原则(unity of command)。
⑤ 统一领导原则(unity of direction)。
⑥ 个别利益服从整体利益原则(subordination of individual interest to the general interest)。
⑦ 人员报酬原则(remuneration)。
⑧ 集权与分权原则(centralization and decentralization)。
⑨ 等级制度原则(line of authority)。
⑩ 秩序原则(order)。
⑪ 公平原则(equity)。
⑫ 人员的稳定原则(stability of tenure of personnel)。
⑬ 首创精神原则(initiative)。
⑭ 人员的团结原则(unity of personnel)。

3) 韦伯的行政组织理论

马克斯·韦伯出生于德国一个有着广泛的社会和政治关系的富裕家庭,他在管理思想上的最大贡献是提出了"理想的行政组织体系理论"。因此他被后人称为"组织理论之父"。其理论要点如下:
① 明确职权分工。
② 明确职权范围和协作形式。
③ 职业管理人有固定的薪金作为报酬,绝大多数有权享受养老金,有明文规定的升迁制度。
④ 人员的考评和培训。
⑤ 在任何情况下,组织成员都要遵守规则和纪律,而不能受个人感情的影响。
⑥ 组织中人员之间的关系是一种不受个人情感影响,完全以理性为准则的关系。

 案例讨论

金属切削实验

在米德维尔公司时,泰罗为了解决工人怠工问题,对金属切削进行了研究。在使用车床、钻床、刨床等机床切削金属时,无论何时都必须决定使用什么样的刀具、用多大的切削速度,以便获得最佳的金属加工效率。然而要确定的这些要素多达12种变量,如金属的成分、零件的直径、切削的深度、进刀量等。这项实验非常复杂和困难,原来预计的6个月实际上用了26个年头,并花费了巨额的资金,耗用了80万吨钢材。最后在巴思和怀特等十几名专家的帮助下取得了重大进展。这项实验的成果形成了金属加工方面的工作规范,另一重要的副产品是高速钢的发明并取得了专利。

讨论题:

金属切削实验说明管理者应该采取哪些措施才能提高劳动生产率?

任务2.3 行为科学管理理论

古典管理理论的代表人物泰罗、法约尔、韦伯等,都把人看成是只为钱而工作的"经济人",因此他们都将问题的重点放在操作方法、规章制度、管理原则上,而对人的因素关心较少。但后来人们发现,单纯运用古典管理理论方法并不能始终有效地控制工人为提高劳动生产率和利润而努力,于是行为科学管理理论就应运而生了。

1) 霍桑实验

1924年到1932年期间,在美国芝加哥西部电器公司所属的霍桑工厂进行的心理学研究是由哈佛大学的心理学教授梅奥主持的,史称霍桑实验。霍桑实验共分四阶段:

(1) 照明实验:时间从1924年11月至1927年4月。当时认为影响工人生产效率的是疲劳和单调感等,于是当时的实验假设便是"提高照明度有助于减少疲劳,使生产效率提高"。可是经过两年多的实验发现,照明度的改变对生产效率并无影响。具体结果是:当实验组照明度增大时,实验组和控制组都增产;当实验组照明度减弱时,两组依然都增产,甚至实验组的照明度减至0.06英尺烛光时,其产量亦无明显下降;直至照明减至如月光一般、实在看不清时,产量才急剧降下来。

(2) 福利实验:时间是从1927年4月至1929年6月。实验目的总的来说是查明福利待遇的变换与生产效率的关系。但经过两年多的实验发现,福利待遇不管如何改变(包括工资支付办法的改变、优惠措施的增减、休息时间的增减等),都不影响产量的持续上升,甚至工人自己对生产效率提高的原因也说不清楚。

(3) 访谈实验:研究者在工厂中开始了访谈计划。此计划的最初设想是要工人就管理当局的规划和政策、工头的态度和工作条件等问题作出回答,但工人认为重要的事情并不是公司或调查者认为意义重大的那些事。访谈者了解到这一点,及时把访谈计划改为事先不规定内容,每次访谈的平均时间从30分钟延长到1.5个小时,多听少说,详细记录工人的不满和意见。访谈计划持续了两年多。工人的产量大幅提高。

（4）群体实验：梅奥等人在这个实验中选择 14 名男工人在单独的房间里从事绕线、焊接和检验工作。对这个班组实行特殊的工人计件工资制度。实验者原来设想，实行这套奖励办法会使工人更加努力工作，以便得到更多的报酬。但观察的结果发现，产量只保持在中等水平上，每个工人的日产量平均都差不多，而且工人并不如实地报告产量。深入的调查发现，这个班组为了维护他们群体的利益，自发地形成了一些规范。他们约定，谁也不能干得太多，突出自己；谁也不能干得太少，影响全组的产量；并且约法三章，不准向管理当局告密。如有人违反这些规定，轻则遭到挖苦谩骂，重则被拳打脚踢。进一步调查发现，工人们之所以维持中等水平的产量，是担心产量提高，管理当局会改变现行奖励制度，或裁减人员，使部分工人失业，或者会使干得慢的伙伴受到惩罚。

2）霍桑实验结论

（1）职工是"社会人"。
（2）企业中存在着"非正式组织"。
（3）满足工人的社会欲望，提高工人的士气，是提高生产效率的关键。

案例讨论

态 度 实 验

梅奥后期还对工人做了 2 万多人次的态度调查，规定实验者必须耐心倾听工人的意见、牢骚，并做详细记录，不做反驳和训斥，而且对工人的情况要深表同情。结果产量大幅度提高。

讨论题：

为什么调查小组只是倾听和记录了工人的诉说就使工人产量大增？

任务 2.4　现代管理理论学派

1）管理过程学派

创始人：亨利·法约尔。该学派的主要特点是把管理学说与管理人员的职能联系起来。他们认为，无论是什么性质的组织，其管理人员的职能是相同的。

2) 经验学派

代表人物:德鲁克和戴尔。该学派主张通过分析经验(即指案例)来研究管理学问题。通过分析、比较、研究各种各样的成功的和失败的管理经验,就可以抽象出某些一般性的管理结论或管理原理。

3) 系统管理学派

主要代表人物:卡斯特和洛森茨。系统管理学派认为,组织是由一个相互联系的若干要素组成、为环境所影响的并反过来影响环境的开放的社会技术系统。它分为目标和价值、结构、技术、社会心理、管理等五个分系统组织。必须以整个组织系统为研究管理的出发点,综合运用各个学派的知识,研究一切主要的分系统及其相互关系。

4) 决策理论学派

主要代表人物:赫伯特·西蒙。决策理论学派认为,管理就是决策。管理活动的全部过程都是决策的过程,管理是以决策为特征的;决策是管理人员的主要任务,管理人员应该集中研究决策问题。西蒙将决策分为程序性决策和非程序性决策,他的研究重点放在非程序性决策方面,提倡用电子计算机模拟人类思考和解决决策问题。

5) 管理科学学派

管理科学学派主张:运用数学符号和公式进行计划决策和解决管理中的问题,求出最佳方案,实现企业目标;经营管理是管理科学在管理中的运用;信息情报系统就是由计算机控制的向管理者提供信息情报的系统。

6) 权变理论学派

该学派认为,由于组织内部各个部分之间的相互作用和外界环境的影响,组织的管理并没有绝对正确的方法,也不存在普遍适用的理论,任何理论和方法都不见得绝对有效,也不见得绝对无效。采用哪种理论和方法,要视组织的实际情况和所处的环境而定。

 案例讨论

冷冻食品厂出了什么问题

李伟是一位冷冻食品厂厂长,该厂专门生产一种高奶油含量的冰淇淋。在过去4年中,每年销售量都稳步递增,但今年情况发生了变化。到8月份,累计销售量比去年同期下降17%,生产量比所计划的减少15%,缺勤率比去年高出20%,迟到早退现象也有所增加。李伟认为此情况可能与管理有关,他就此去请教管理专家。

讨论题:

假若李伟分别去请教具有科学管理思想、行为管理思想、权变管理思想的三位专家,你认为这三位专家将如何诊断该厂的问题,他们各自会提出什么样的解决问题的方法?如果你是李伟,你将采取什么措施解决目前企业存在的问题?

【项目小结】

(1) 管理是人们为了实现某种预定目标而对组织有关对象进行计划、组织、指挥、协调和控制的综合性活动。

(2) 管理者通过协调和监视其他人的工作来完成组织活动中的目标。管理者需要三种基本的技能或者素质,即技术技能、人际技能和概念技能。

(3) 按照管理过程分,管理包括计划、组织、领导、控制四项职能。

(4) 在一个组织中,管理对象主要是指人、财、物、信息、技术、时间、社会信用等一切资源,其中最重要的是对人的管理。管理是理论与实践的统一,是科学与艺术的统一。

(5) 中国古代的管理思想集中体现在先秦到汉代的诸子百家思想中,如儒家、道家、法家、兵家、商家等。西方古典管理理论主要有泰罗的科学管理理论、法约尔的管理过程理论、韦伯的行政组织理论、梅奥等人的人际关系学说及以后的组织行为科学。第二次世界大战后,管理理论流派纷呈,进入管理理论的丛林时代。

【思考与练习】

(1) 美国管理学家彼得·德鲁克说过:"如果你理解管理理论,但不具备管理技术和管理工具的运用能力,你还不是一个有效的管理者;反过来,如果你具备管理技术和能力,而不掌握管理理论,那么充其量你只是一个技术员。"谈谈你对这句话的理解。

(2) 管理的概念是什么?通过具体例子来阐述管理的职能。

(3) 试述泰罗科学管理理论的要点。

(4) 简述行为科学理论产生的社会历史背景。

(5) 案例讨论:

是裁员减薪还是增薪励志

美国麦考密克公司有段时间不景气,最后陷入裁员减薪的困境,公司濒临倒闭。员工把死里逃生的希望全部寄托在新任总裁 C. 麦考密克身上。他认为提高士气是振兴公司的根本。他对员工庄严宣布:本公司生死存亡的重任落在诸位肩上,希望大家同舟共济,协力共渡难关。从本月起全体员工的薪水每人增加 10%,工作时间适当缩短。

绝路逢生的员工被新总裁的决心和决定所感动,士气大振,全公司共同努力,仅用一年时间就实现了扭亏为盈,公司得救了。

讨论题:

美国麦考密克公司的起死回生给我们哪些管理学上的启示?

项目 2 计 划

【学习目标】

☞ 知识目标

明确计划的概念及其在管理中的作用;熟悉计划的种类及其之间的相互作用;掌握决策方法;掌握目标管理的特点及基本程序。

☞ 能力目标

能够运用所学知识为某一专项活动作出合理的计划;能够根据资料利用决策方法作出决策;能够根据目标管理的程序为组织制定并实施一个完整的目标管理过程。

☞ 素质目标

理解企业的目标以及有效地实现企业目标的方法。

【导入案例】

有关行走的实验

曾经有人做过一个实验：三组人分别向着10千米以外的三个村子步行。

甲组不知道村庄的名字，也不知道路程有多远，只告诉他们跟着向导走就是了。这个组刚走了两三千米就有人叫苦；走了一半时，有些人几乎愤怒了，他们抱怨为什么要大家走这么远，何时才能走到；又走了一段路程，有的人甚至坐在路边，不愿意走了。越往后，人的情绪越低，七零八落，溃不成军。

乙组知道去哪个村庄，也知道它有多远，但是路边没有里程碑，人们只能凭经验估计大致要走2小时。这个组走到一半时有人叫苦，大多数人想知道他们已经走了多远了，比较有经验的人说："大概刚刚走了一半的路程。"于是大家又簇拥着向前走。当走到四分之三的路程时，大家又振作起来，加快了步伐。

丙组最幸运，大家不仅知道所去的是哪个村子，它有多远；而且路边每千米有一块里程碑。人们一边走一边留心看里程碑。每看到一个里程碑，大家便有一阵小小的快乐。这个组的情绪一直很高涨。走了七八千米以后，大家确实都有些累了，但他们不仅不叫苦，反而开始大声唱歌、说笑，以消除疲劳。最后的两三千米，他们越走情绪越高，速度反而加快了。因为他们知道，要去的村子就在眼前了。

讨论题：

同样的目的地，同样的行走条件，同样的里程，为什么三组人的行为与心态明显不同？

任务1 计划的涵义

计划是管理的首要职能,是管理职能中最基本的职能之一。计划是任何一个组织成功的核心,它存在于组织各个层次的管理活动中。管理者的首要职责就是做计划,使组织成员进一步理解企业的目标,以利于有效地实现企业的目标。

任务1.1 计划概述

1) 计划的概念

在日常生活、工作、学习中,我们常常会听到、看到或用到"计划"这个词,大到阿波罗登月计划,小到班级的春游计划乃至个人的学习计划,计划可谓无处不在。古人运筹帷幄、决胜千里、未雨绸缪等指的都是计划。"凡事预则立,不预则废",这个"预"字指的也是计划。在组织的管理工作中,计划更是与每一个人形影不离。营销部门要有营销计划,生产部门需做生产计划,管理高层也免不了要为组织的发展做好战略计划。

那么,计划是什么呢?在管理学发展的历史过程中,许多专家、学者、管理大师在不同的背景下,从不同角度对"计划"这个词进行了诠释,所以,关于计划的定义有很多种,比如:

(1) 计划是一种普遍的和连续的执行功能,它包括复杂的觉悟、分析、理性思考、沟通、决策和执行的过程。

(2) 计划是对所追求的目标及实现该目标的有效途径进行设计。

(3) 计划就是为我们所做的事情制定规则,避免迷惑与匆忙行事,充分利用资源并减少浪费。计划是控制的基础。

(4) 计划是一个确定目标和评估实现目标最佳方式的过程。

这些定义都体现了这样的含义:计划是面向未来的,计划是持续的过程,计划是为了实现目标,计划处于动态变化之中,计划包括确定目标、制定全局战略任务以及完成目标和任务的行动方案。实质上,计划就是一个组织要做什么和怎么做的行动指南。

"计划"一词可以从两个方面理解:从名词意义上说,计划是指用文字和指标等形式表达的,在制订计划工作中所形成的各种管理性文件;从动词意义上说,计划是指为实现决策目标而制订计划工作的过程。

计划是为实现组织目标而对未来行动所作的综合的统筹安排,是未来组织活动的指导性文件。

计划工作也有广义和狭义之分。广义的计划工作是指制订计划、执行计划和检查计划执行情况三个紧密衔接的工作过程。狭义的计划工作则是指制定在未来一定时期内要达到的目标以及实现目标的途径,是组织中各种活动有条不紊地进行的保证。计划工作还是一种需要运用智力和发挥创造力的过程,它要求高瞻远瞩地制定目标和战略,严密地规划和部署,把决策建立在反复权衡的基础之上。

本书中的计划主要指狭义的概念,它是指根据环境的需要和组织自身的实际情况,通过科学的预测,确定在未来一定时期内组织所要达到的目标以及实现目标的方法。计划工作就像一座桥梁,它是组织各个层次管理人员工作效率的根本保证,能够帮助组织实现预期的目标。

正如哈罗德·孔茨所言:"计划工作是一座桥梁,它把我们所处的这岸和我们要去的对岸连接起来,以克服这一天堑。"

需要注意的是:计划不同于计划工作。计划是一种结果,它是计划工作所包含的一系列活动完成之后产生的,从这个角度上看计划是一个名词概念。计划工作是各级管理者所要完成的一项劳动,计划工作是一个动词概念。

2) 计划的内容

计划工作的内容描述为如图 2-1 所示的"5W1H"。

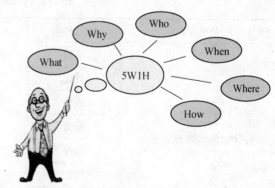

图 2-1 计划工作的内容

(1) What(What to do?)——做什么?目标:明确计划工作的具体任务和要求,每一时期的中心任务、工作重点、活动内容和工作要求。

(2) Why(Why to do?)——为什么做? 原因:明确计划工作的宗旨、目标和战略,论证可行性,说明为什么做,原因是什么。

(3) Who(Who to do?)——谁去做? 人员:明确计划工作中的人员安排、部门安排、奖罚措施。

（4）When(When to do?)——何时做？时间：明确计划工作的开始时间、进度安排、完成时间，以便进行有效的控制和对能力与资源进行平衡。

（5）Where(Where to do?)——何地做？地点：明确计划工作实施的地点、空间组织和布局。

（6）How(How to do?)——怎样做？手段：明确实施计划工作的手段、途径、主要战术、规则，对资源进行合理分配和集中使用，对人力、物力、财力进行综合平衡，说明计划工作的方式。

通过计划活动，那些本来不一定能够实现的事情变得有可能实现，有可能变糟的事情得以向好的方向转化。尽管计划不是万能的，但如果没有了计划，对许多事情的发展就只能听之任之，不能掌握。

小测试

古人所说的"运筹帷幄"，就是对（　　）职能的最形象的概括。

A. 控制　　　　B. 计划　　　　C. 决策　　　　D. 指挥

3）计划的类型

由于组织活动是多样和复杂的，组织的计划种类也很多，它们的重要程度也有差别。为便于研究和指导实际工作，有必要按不同的标准对计划进行分类，如表2-1所示。

表2-1　计划的分类

分类原则	计划种类	分类原则	计划种类
按计划的表现形式分类	宗旨	按计划范围的广度分类	战略计划
	目标		策略计划
	战略		作业计划
	政策	按组织职能分类	生产计划
	程序		供应计划
	规则		销售计划
	规划		财务计划
	预算		人力资源计划
按计划的期限分类	长期计划		……
	中期计划	按计划的明确程度分类	指导性计划
	短期计划		具体性计划

(1) 按计划的表现形式分类

① 宗旨(Purpose)：任何组织活动都有一定的目的和任务，宗旨就是一个组织最基本的目标，它是一个组织继续生存的理由，也是社会赋予这个组织的基本职能。宗旨明确了一个组织是干什么的，应该干什么。例如一个企业的宗旨是追求股东权益最大化或是向社会提供有价值的商品和服务等；法院的宗旨是解释和执行法律；大学的宗旨是培养高级人才；等等。

以企业为例，毋庸置疑，为了系统地阐明企业在一定时期应达到的目标，就必须首先明确它的宗旨。对于这一点，虽然每一个企业都应当知道自己的企业是干什么的，应该干什么，然而，有许多企业的经理却很难清楚地回答这样的问题。这些企业的经理还没有体会到深入思考企业的宗旨，并将它明确阐述出来用以指导日常的经营活动的意义。而当我们把眼光转向一些取得了巨大成功的公司时，我们就会发现，他们成功的原因首先在于有明确的宗旨。例如，在电子计算机芯片行业中首屈一指的英特尔(Inter)公司，就有着明确的宗旨："英特尔公司的目标是在工艺技术和营业这两方面都成为并被承认是最好的，是领先的，是第一流的。"正是从这一宗旨出发，英特尔的产品一向被看做是"建筑街区"，被用来为个人电脑用户建立高级的计算机系统。

② 目标(Objective)：目标是在充分理解组织宗旨的条件下建立起来的，是组织活动在一定条件下要达到的预期结果。确定目标本身也是计划工作，目标不仅是计划工作的终点，而且也是组织工作、人员配备、指导与领导以及控制等活动所要达到的结果。组织中各个管理层次都应该建立自己的目标，组织低层次目标必须与高层次目标相一致，组织要完成一个高层次目标，必须先完成较低层次的目标，循序渐进。

③ 战略(Strategy)：战略一词来自于军事用语，是指通过对交战双方进行分析判断而作出对战争全局的筹划和指导。对于组织来说，战略是为了实现组织长远目标所选择的发展方向。战略的目的是通过一系列的主要目标和政策，来决定组织未来的发展方向，总目标和总战略要通过分目标和分战略来逐步加以实现。战略不是要具体地说明企业如何实现目标，因为说明这一切需要许多主要的和辅助的计划任务。

④ 政策(Policy)：政策是指组织在决策时或处理问题时指导以及沟通思想活动的方针和一般规定。政策是管理的指导思想，它为管理人员的行动指明了方向，并明确了在一定范围内怎样进行管理。政策的种类有很多，一个组织的各个部门都要制定各部门相应的政策，制定政策要充分分析组织的目标，要保持一贯性、完整性和稳定性。

政策的种类是很多的。例如企业销售部门鼓励顾客用现金支付货款的优惠政策；劳动工资部门对超额完成任务者给予奖励的政策；企业承包中的工资总额与实现利税挂钩政策；国家对经济特区实行的吸引外资和进出口方面的特殊政策；等等。

⑤ 程序(Procedure)：程序也是一种计划，它规定了某些经常发生的问题的解决方

法和步骤。如果说政策是人们思考问题的指南,那么程序则是行动的指南,它具体规定了某一件事情应该做什么、如何去做,其实质是对未来要进行的行动规定时间顺序,对组织内大多数政策来说,都应该规定相应的程序来指导政策的执行。制定程序的目的是减轻主管人员决策的负担,明确各个工作岗位的职责,提高管理活动的效率和质量。

程序是多种多样的,几乎可以这样说,组织中所有重复发生的管理活动都应当有程序。例如在组织的上层主管部门应当有重大决策程序、预算审批程序、会议程序等;在组织的中层职能管理部门应当有各自的业务管理程序;组织中有些工作是跨部门的,如新产品的开发研制工作,则应当有相应的跨部门管理程序。一般来说,越是基层,所规定的程序也就越细,数量也越多。例如制造企业的工艺路线就是一种程序,它明确规定某个零件的加工顺序、使用的设备、加工的方法等,它对于保证零件的质量起着关键的作用。

管理的程序化水平是管理水平的重要标志,制定和贯彻各项管理工作的程序是组织的一项基础工作。

⑥ 规则(Rule):规则是一种最简单的计划,它是对在具体场合和具体情况下,允许或不允许采取某种特定行动的规定。程序由许多步骤组成,如果不考虑时间顺序,其中的某一步就是规则。在通常情况下,一系列规则的总和就构成了程序。

规则常常与政策和程序相混淆,所以要特别注意区分。规则与政策的区别在于规则在应用中不具有自由处置权。规则与程序的区别在于规则不规定时间顺序,可以把程序看成是一系列规则的总和。

⑦ 规划(Programme):规划是为了实现既定方针所必需的目标、政策、程序、规则、任务分配、执行步骤、使用资源以及其他要素的复合体。规划是粗线条的、纲领性的计划。规划有大有小,大的有国家的科学技术发展规划,小的如企业中质量管理小组的活动规划等。规划有长远的和近期的,其目的在于划分总目标实现的进度,长远的如我国国民经济发展的五年规划,近期的如企业的职工培训规划等。

大的规划往往派生出许多小的规划,而每个小的派生规划都会给总规划带来影响,它们相互依赖,相互影响。小规划不当或不同的后果会影响整个规划,甚至一个表面看来不重要的程序或规则,如果考虑不当,也会使一个重要的规划遭受失败。例如我国过去在基础建设中,曾提倡过一种"边勘测、边设计、边施工"的建设程序,其结果导致了许多基础建设规划和工程实施的失败或返工。所以,使规划工作的各个部分彼此协调,需要有特别严格精湛的管理技能和严谨的系统思想和系统方法。

⑧ 预算(Budget):预算也被称为数字化的计划,是用数字表示预期结果的一份报表。例如企业中的财务收支预算,也可称之为"利润计划"或"财务收支计划"。预算可以用财务术语或其他计量单位来表示,这种数字形式有助于更准确地执行计划。通过

预算可以考核管理工作的成效和对预算目标的偏离情况,从而实现控制的目的。

预算可以帮助组织或企业的上层和各级管理部门的主管人员,从资金和现金收支的角度,全面、细致地了解企业经营管理活动的规模、重点和预期成果。例如,某企业的财务预算包括:利税计划、流动资金计划、财务收支计划、财务收支明细计划表和成本计划等。其中财务收支明细计划表详细地规划出企业各管理部门的主要收支项目的金额数量。预算工作的主要优点是它促使人们详细制订计划,平衡各种计划。由于预算总要用数字来表现,所以它能使计划工作做得更细致、更精确。

(2) 按计划的期限分类

① 长期计划:长期计划通常称为远景计划,是为实现组织的长期目标服务的具有战略性、纲领性指导意义的综合发展规划。长期计划的期限一般在五年以上。

② 中期计划:中期计划是根据长期计划提出的目标和内容并结合计划期内的具体条件变化进行编制的,它比长期计划更为详细和具体。中期计划具有衔接长期计划和短期计划的作用,期限一般在一至五年。

③ 短期计划:短期计划通常又称年度计划,是根据中长期计划规定的目标和当前的实际情况,对计划年度的各项活动所作出的具体安排和落实。短期计划的期限一般在一年左右。

需要注意的是,以上计划期限的划分只是就一般情况而言。或者说,计划期的长短是一个相对的概念。

大量统计研究表明,长期计划工作越来越受到企业的重视,那些有正式长期计划的公司,其成绩普遍胜过没有长期计划或只有一些非正式长期计划的公司。"人无远虑,必有近忧。"一个企业如果在新产品开发、技术开发、市场开发、人才开发方面没有长期规划的话,迟早会陷入困境;一个国家如果在科学技术进步、教育和能源等基础设施方面没有一个长期规划的话,其经济发展是不可能保持持久高速增长的。

计划的期限不仅可以作为计划分类的依据,而且可以作为评价工作难易程度的标准,因为长期计划持续的时间长,使计划的最后成败难以确定。

(3) 按计划范围的广度分类

① 战略计划:战略计划是指应用于整个组织,为组织设立总体目标和寻求组织在环境中的地位的计划。战略计划一般由组织的高层管理人员来制订。

② 策略计划:策略计划是为实现战略计划而采取的手段,比战略计划具有更大的灵活性。策略计划一般由中层管理人员制订。

③ 作业计划:作业计划是指规定总体目标如何实现的细节的计划,是根据战略计划和策略计划而制订的执行性计划。作业计划一般由下级管理人员制订。

(4) 按组织职能分类:组织的类型和规模不同,具体职能部门的设置也不同。这里的"职能"是指企业的职能,而不是管理的五项职能。例如可以按职能将某企业的经营计划分为生产计划、供应计划、销售计划、财务计划、人力资源计划、新产品开发计划和安全计划、后勤保障计划等。这些职能计划通常就是企业相应的职能部门编制和执行的计划,因此,按职能分类的计划体系一般是与组织中按职能划分的管理部门的组织结构体系并行的。

在一种职能计划中,通常包含着宗旨、目标、战略、政策、规则、程序、规划、预算这些计划形式中的一种或多种。例如,企业的年度新产品研制计划中,一般要有对计划所依据的企业宗旨、战略和基本政策的说明,年度开发目标的确定,研制项目的技术经济指标的进度的规划,项目预算资金的分配,负责实施项目的部门和负责人的指定以及考核规则和奖励政策的规定等内容。

将计划按职能进行分类,有助于人们更加精确地确定主要作业领域之间的相互依赖和相互影响关系,有助于估计某个职能计划执行过程可能出现的变化及其对全部计划的影响,并有助于将有限的资源更合理地在各职能计划间进行分配。

(5) 按计划的明确程度分类:按计划的明确程度可把计划划分为指导性计划和具体性计划。指导性计划只规定一些重大方针,指出重点但不把管理者限定在具体的目标或特定的行动方案上。具体计划则明确规定了目标,并提供了一整套明确的行动步骤和方案。

4) 计划的作用

在管理实践中,计划是对未来的部署,它为组织的发展提供了方向。计划是其他管理职能的前提和基础,并且还渗透到其他管理职能之中,它是管理过程的中心环节。列宁指出:"任何计划都是尺度、准则、灯塔、路标。"在复杂多变和充满不确定性的组织环境中,一个科学、准确的计划,会减少各种变化所带来的影响,为管理者实现既定的管理目标起到事半功倍的作用。计划的作用主要体现在以下几个方面:

(1) 计划可以预知未来的不确定因素,减少变化带来的影响:计划是面向未来的,但未来的组织生存环境又具有很大的不确定性。计划的重要性就是要充分分析并了解未来环境的变化规律和变化趋势,掌握未来组织可能出现的机会和面临的挑战,从而将不确定性降到最低限度。因此,这就要求管理者进行周密的预测,把计划做得科学、准确,才能变被动为主动,变不利为有利。首先需要选择实现目标的最佳方案。其次需要从空间上和时间上对计划的实施作出周密的安排。

(2) 有利于组织目标的实现:每个计划及其派生出来的计划,目的在于促使组织目标的实现。计划为组织确立了明确而具体的目标,并且选择了有利于组织实现目标的方案,计划工作可以使人们的行动对准既定的目标。由于周密细致、全面的计划工作统一了部门之间的活动,主管人员才能从日常的事务中解放出来,而将主要精力放在随时检查、修改、扩大计划上来,放在对不确定未来的研究上来。这既能保证计划的连续性,又能保证全面地实现奋斗目标。

(3) 计划工作设计了良好的工作流程,便于有效地进行管理:计划工作强调效率性。在具体的目标方案中,计划工作明确了组织中每个部门的职能分工,使得每个职能部门的工作能够协调一致,用均匀的工作流程代替不均匀的工作流程,从而有利于资源的合理配置;同时计划工作对人力、物力、财力和时间都作出了明确而具体的规定,保证人、财、物得到最合理的安排,使得经营活动的费用能够降低到最低限度。因此,计划工作能细致地组织经营活动,有效地提高组织的经济效益。

(4) 计划设立目标,有利于进行控制:计划和控制是一个事物的两个方面,没有计划的活动是无法控制的,可以说,计划是控制的基础。控制活动就是通过纠正计划的偏差使活动保持既定的方向。正是由于计划工作确定了目标,才使得控制职能能够将实际的业绩与计划目标进行对照,一旦出现重大偏差,可以及时纠正。因此,没有计划,也就没有控制。

小赵有计划吗

个体户小赵得知近来某高档啤酒销售利润丰厚,就托关系以预付30%款项的方式从厂家批发5 000箱。同时招一批临时工以每瓶2角回扣的报酬组织促销队伍,并安排饮食店和宾馆代销。但因促销不力及市场变化等原因,2 000箱啤酒积压在库房。小赵的妻子骂他做事没有计划,小赵感到很委屈。

讨论题:

(1) 你认为小赵有计划吗?

(2) 如果你是小赵,你会如何做?

任务1.2　编制计划

任何计划的编制过程都是相似的,依次包括以下内容:估量机会,确定目标,确定前提条件,拟定备选方案,评价各种备选方案,选择方案,拟定派生计划,编制预算,如图2-2所示。

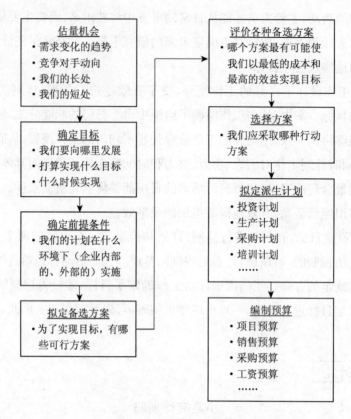

图 2-2 计划的编制过程

1) 估量机会

对机会的估量,要在实际的计划工作开始之前就着手进行。它虽然不是计划的一个组成部分,但却是计划工作的一个真正起点。其内容包括:对未来可能出现的变化和预示的机会进行初步分析,形成判断;根据自己的长处和短处搞清自己所处的地位;了解自己利用机会的能力;列举主要的不确定因素,分析其发生的可能性和影响程度;在反复斟酌的基础上,下定决心,扬长避短。估量机会的一般依据有:市场因素、竞争环境、顾客需求、企业所处的地位优劣,等等。

2) 确定目标

所谓计划工作的目标,是指组织在一定时期内所要达到的效果。目标是存在的依据,是组织的灵魂,是组织期望达到的最终结果。在确定目标的过程中,要说明基本方针和达到的目标是什么,要告诉人们战略、政策、程序、规划和预算的任务,要指出工作的重点。

3) 确定前提条件

计划工作的第二步是确定一些关键性的计划前提条件,并使设计人员对此取得共识。所谓计划工作的前提条件就是计划工作的假设条件,换言之,即计划实施时的预期环境。负责计划工作的人员对计划前提了解得越细越透彻,并能始终如一地运用它,则计划工作也将做得越协调。

按照组织的内外环境,可以将计划工作的前提条件分为外部前提条件和内部前提条件;还可以按可控程度,将计划工作的前提条件分为不可控的、部分可控的和可控的三种前提条件。外部前提条件多为不可控的和部分可控的,而内部前提条件大多是可控的。不可控的前提条件越多,不确定性越大,就越需要通过预测工作确定其发生的概率和影响程度的大小。

4) 拟定备选方案

条条道路通罗马、殊途同归,都说明实现某一目标的途径是多条的。在计划的前提条件明确以后,就要着手去寻找实现目标的方案和途径。完成某一项任务总会有很多方法,即每一项行动都有异途存在,这就是"异途原理"。方案不是越多越好,我们要做的工作是逐步地减少备选方案的数量,对一些最有希望的方案进行分析。

通常,最显眼的方案不一定是最佳的方案,在过去的计划方案上稍加修改或略加推演也不会得到最好的方案。这一步工作需要发挥创造性。只有发掘了各种可行的方案才可能从中选出最优的方案。计划工作者往往要通过数学方法和计算机来择优,排除希望最小的方案。但是,需要注意的是,备选方案也不是越多越好。即使我们可以采用数学方法和借助电子计算机的手段,还是要对候选方案的数量加以限制,以便把主要精力集中在少数最有希望的方案的分析上面。

5) 评价各种备选方案

评价各种备选方案是按照前提和目标来权衡各种因素,比较各个方案的利弊,对各个方案进行评价。评价的实质是一种价值判断。它一方面取决于评价者所采用的标准;另一方面取决于评价者对各个标准所赋予的权数。显然,确定目标和确定计划前提条件的工作质量,直接影响到方案的评价。因此,评价各种备选方案是计划的关键一步。在评价方法方面,可以采用运筹学中较为成熟的矩阵评价法、层次分析法以及在条件许可的情况下采用多目标评价法。

另外,评价方案时要注意考虑以下几点:第一,认真考虑每一备选方案的制约因素和隐患;第二,要用总体的效益观点来衡量备选方案;第三,既要考虑每一备选方案的有形的可以用数量表示出来的因素,又要考虑到无形的不能用数量表示出来的因素;第四,要动态地考察备选方案的效果,不仅要考虑执行该方案所带来的效益,还要考虑执行该方案所带来的损失,特别应注意那些潜在的、间接的损失。评价方法分为定性和定量两类。

6) 选择方案

选择可行方案就是选择行为过程,正式通过方案。选择方案是计划工作最关键的一步,也是抉择的实质性阶段。在作出抉择时,应当考虑在可行性、满意度和可能效益三方面结合得最好的方案。有时我们在评选中会发现一个最佳方案,但更多的时候可能有两个或多个的方案是合适的,在这种情况下,管理者应决定首先采用哪个方案,而将其余的方案也进行细化和完善,作为后备方案。被挑选出来的方案应采用文字形式,清楚地确定和描述 5W1H 内容,即 What(做什么)、Why(为什么做)、Who(谁去做)、Where(何地做)、When(何时做)、How(怎样做)。

7) 拟定派生计划

派生计划就是总计划下的分计划,也可称为辅助计划。其作用是支持总计划的贯彻落实。一个基本计划总是需要若干个派生计划来支持,只有在完成派生计划的基础上,才可能完成基本计划。比如,某一企业年初制订了"当年销售额比上年增长15%"的销售计划,与这一计划相关联的许多计划有生产计划、促销计划等。再如,当某一企业开拓一项新的业务时,这个决策是制订很多派生计划的信号,比如雇佣和培训各种人员的计划、筹集资金计划、广告计划等。

8) 编制预算

计划工作的最后一步是把计划转化为预算,使之数字化。预算实质上是资源的分配计划。预算工作做好了,可以成为汇总和综合平衡各类计划的一种工具,也可以成为衡量计划完成进度的重要标准。

综上所述,计划工作就是在内外部环境分析的基础上,确定未来应达到的组织目标,并将组织目标具体化为行动方案。内外部环境的分析是计划工作的前提;目标管理是进行计划工作的主要方法和手段;决策是管理的基础,是计划工作的核心,也是主管人员的首要工作。

案例讨论

施温公司的破产

伊格纳茨·施温于1895年在芝加哥创办了施温自行车公司,后来成长为世界最大的自行车制造商。在20世纪60年代,施温公司占有美国自行车市场25%的份额。

爱德华·施温是创始人伊格纳茨的长孙,1979年他接过公司的控制权,那时,问题已经出现,而糟糕的计划和决策又使已有的问题雪上加霜。

在20世纪70年代,施温公司不断投资于它的强大的零售分销网络和品牌,以便主宰10挡变速车市场。但是进入80年代,市场转移了,山地车取代10挡变速车成为销量最大的车型,并且轻型的、高技术的、外国生产的自行车在成年的自行车爱好者中日益普及。施温公司错过了这次市场转换的机会,它对市场的变化反应太慢,管理当局专注于削减成本而不是创新。结果,施温公司的市场份额开始迅速地被更富于远见的自行车制造商夺走,这些制造商销售的品牌有特莱克、坎农戴尔、巨人和钻石。

或许,施温公司最大的错误是没有把握住自行车是一种全球产品,公司迟迟未能开发海外市场和利用国外的生产条件。一直拖到70年代末,施温公司才开始加入国外竞争,把大量的自行车转移到日本进行生产。但那时,不断扩张的中国台湾地区的自行车工业已经在价格上击败了日本生产厂家。作为对付这种竞争的一种策略,施温公司开始少量进口中国台湾省制造的巨人牌自行车,然后贴上施温商标在美国市场上出售。

1981年,当施温公司设在芝加哥的主要工厂的工人举行罢工时,公司采取了也许是最愚蠢的行动。管理当局不是与工人谈判解决问题,而是关闭了工厂,将工程师和设备迁往中国台湾省的巨人公司自行车工厂。作为与巨人公司合伙关系的一部分,施温公司将所有的一切,包括技术、工程、生产能力都交给了巨人公司,这正是巨人公司要成为占统治地位的自行车制造商所求之不得的。作为交换条件,施温公司进口并且在美国市场上以施温商标经销巨人公司制造的自行车。正如一家美国竞争者所言:"施温将特许权盛在银盘上奉送给巨人公司。"

到1984年,巨人公司每年交付给施温公司70万辆自行车,以施温商标销售,占施温公司年销售额的70%。几年后,巨人公司利用从施温公司那里获得的技术,在美国市场上建立了他们自己的商标。

到1992年,巨人公司和中国内地的自行车厂商,已经在世界市场上占据了统治地位。巨人公司销售的每10辆自行车中,有7辆是以自己的商标出售的。而施温公司怎么样了?当它的市场份额在1992年10月跌落到5%时,公司开始申请破产。

讨论题:

(1) 为挽救施温公司,爱德华·施温应制订什么样的长期计划?

(2) 施温公司在1965年、1975年和1985年应当制订什么样的10年长期计划?

任务 2 决 策

在棋界有句话:"一着不慎,满盘皆输;一着占先,全盘皆活。"它喻示一个道理,无论做什么事情,成功与失败取决于决策的正确与否。错误的决策会使组织陷入被动,濒临险境。决策决定成败,在管理活动中起着非常重要的作用。人们在进行决策时,常常会面临突出问题。人们的行动方案充满了矛盾,存在不确定性和不一致性。人们经常会面对种种吸引人的选择,作出后果无法预料的决定。所有的管理者都曾面临过这种进退两难的境地:选择集权式组织还是分散式组织?全球化还是本地化?大而全还是小而精?寻求代理商还是自己培养业务员?但是,矛盾也让人们的行为条件变得更优越。矛盾的本质就是自由。由于矛盾的存在,情况随时会改变,达成目标可能会有多种途径,有时候还会有相互竞争的目标可供选择。在这种竞争环境中,管理阶层知道,他们不能放弃任何一个选择,必须每天寻找新的平衡,依据新的条件作出决定。这就是所谓的"决策"——放眼未知的未来,确定行动的方向。斯沃琪(Swatch)前 CEO 弗里茨·阿曼(Fritz Ammann)曾说过:"管理阶层作决策的时间,通常和决策内容的规模与重要性成正比。"决策并不是要你接受某事,而是有意识地使你倾向于某一方。当断不断,反受其乱。作为管理者,必须深刻地了解和掌握决策的含义与方法。

随着社会经济和科学技术的发展,决策已成为一门科学,决策日益渗透到管理者活动的各个环节。决策正确与否,往往关系着企业的兴衰存亡。掌握决策技术是管理者必须具备的素质。

任务 2.1 决策概述

决策是管理者从事管理工作的基础。管理者在从事各项工作时,会遇到各种各样的问题,问题有的大,有的小;有的简单,有的复杂,但它们都需要解决,都需要管理者在若干个可行的解决方案中作出抉择。

决策是管理的基础和核心。可以认为,整个管理过程都是围绕着决策的制定和组织实施而展开的。诺贝尔经济学奖得主西蒙甚至强调管理就是决策,决策充满了整个管理过程。可见,决策在管理中处于十分重要的地位。

1) 决策的概念

决策有狭义和广义之分。狭义的决策是在集中行动方案中作出抉择;广义的决策是指对未来行动确定目标,并从多个行动方案中选择一个合理方案的分析判断过程。

人们对于现代决策正趋于取得共同的认识:决策是人们为了实现一定的目标而制定行动方案、进行方案选择并准备方案实施的活动,是一个提出问题、分析问题、解决问题的过程。这是一个建立在环境和条件分析基础上,对未来的行动确定目标,对实现目标的若干可行性方案进行抉择并决定一个优化合理的满意方案的分析判断过程。决策的内涵有以下几个方面:

(1) 决策的前提:要有明确的目的。决策或是为了解决某个问题,或是为了实现一定的目标。没有目标就无从决策,没有问题则无需决策。

(2) 决策的条件:有若干可行方案可供选择。一个方案无从比较其优劣,也无选择的余地,"多方案抉择"是科学决策的重要原则。决策要以可行方案为依据,决策时不仅要有若干个方案来相互比较,而且各方案必须是可行的。

(3) 决策的重点:方案的分析比较。每个可行方案既有其可取之处,也有其不利的一面,因此必须对每个备择方案进行综合的分析与评价,确定每一个方案对目标的贡献程度和可能带来的潜在问题,以明确每一个方案的利弊。而通过对各个方案之间的相互比较,可明晰各方案之间的优劣,为方案选择奠定基础。

(4) 决策的结果:选择一个满意方案。科学决策理论认为,追求最优方案既不经济又不现实。因此,科学决策遵循"满意原则",即追求的是诸多方案中,在现实条件下,能够使主要目标得以实现,其他次要目标也足够好的可行方案。

2) 决策的特点

(1) 目标性:任何决策都是为了实现一定的目标而进行的方案选择,如果决策的目标是模糊不清的或不正确的,那就无法以目标为标准评价方案,也就无从选择方案,因此也就谈不上决策。犹豫不决,通常也是由于目标很模糊或设立得不合理。

(2) 可实践性:一个合理的决策是以充分了解和掌握各种信息为前提的,即通过组织外部环境和组织内部条件的调查分析,根据实际需要与可能选择切实可行的方案。

(3) 可抉择性:决策的基本含义是抉择。决策是从若干备选的方案中进行选择,如果只有一个方案,就无法比较其优劣,亦无选择余地,也就无所谓决策。没有比较就没有鉴别,更谈不上所谓"最佳"。因此,决策要求必须提供可以相互替代的多种方案。

制定多个可行方案的过程,通常是一个创新的过程。每个可行方案都要具有下列条件:第一,能够实现预期目标;第二,各种影响因素都能定性与定量地分析;第三,不可控的因素也大体能估计出其发生的概率。在制定可行方案时,还应满足整体详尽性和相互排斥性的要求。

(4) 满意性:所谓满意决策是指在现实条件下,决策者的决策使得目标的实现在总体上已达到预期的效果。决策过程是一个研究复杂的、多变的和多约束条件问题的过程,同时人们对客观事物的认识也是一个不断深化的过程。对于任何目标,都很难找出全部的可行方案。因此,决策者只能得到一个适宜和满意的方案,不可能得到最优的方案。

(5) 过程性:决策不是简单地罗列方案和选择方案,而是需要决策者做一系列大量的工作。决策者应先进行调查、分析和预测,然后确定行动目标,找出可行方案,再进行判断、分析,选出最终方案。因此,决策是一个过程。

3) 决策的分类

(1) 从决策的主体看,决策分为群体决策与个人决策。

① 个人决策:是指由单个人作出的决策。个人决策的优点是处理问题快速、果断;缺点是容易出现鲁莽、武断。

② 集体决策:是指由若干人组成的集体共同作出的决策。集体决策的优点是能够汇总更多的信息,拟定更多的备选方案,有利于提高决策的质量;组织成员之间能够更好地沟通,有利于决策方案的接受性;各部门之间的相互协调,有利于决策的更好执行。集体决策的缺点主要是花费的时间较长、费用较高,并且可能导致责任不清和从众现象。

(2) 按照决策的内容划分,决策分为战略决策、战术决策和执行决策。

① 战略决策:战略决策关系到组织的生存与发展,是关于组织全局性、长期性的目标和方针等方面重大问题的决策。通常包括组织目标、方针的确定,组织机构的调整,企业产品的更新换代、技术改造、企业上市、兼并等,这些决策牵涉组织的方方面面,具有长期性和全局性。

② 战术决策:又称管理决策,是在组织内贯彻的决策,属于战略决策执行过程中的具体决策。如企业生产计划和销售计划的制订、设备的更新、新产品的定价等。

③ 执行决策:又称业务决策,是日常工作中为提高生产率、工作效率而作出的决策,牵涉范围较窄,只对组织产生局部影响。属于业务决策范畴的主要有:工作任务的日常分配和检查、工作日程(生产进度)的安排和监督、库存的控制以及材料的采购等。

(3) 按决策问题是否重复出现,决策分为程序化决策和非程序化决策。

① 程序化决策:是指能按规定的决策程序和方法解决管理中重复出现的问题的例行决策,又称常规决策、例行决策、重复性决策。这类决策问题比较明确,有一套固定的程序来处理,如订货日程、日常的生产技术管理等。由于程序化决策所涉及的变量比较稳定,可以通过制定程序、决策模型和选择方案的标准,由计算机处理。在管理工作中,有80%的决策属于程序化决策(可以降低管理成本)。

② 非程序化决策:是指不经常重复出现、不经常出现或偶尔发生的问题的决策,又称非常规性决策、例外决策、一次性决策。其决策步骤和方法难以程序化、标准化,不能重复使用。战略性决策一般都是非程序化的,如新产品的开发等。由于非程序化决策要考虑内外条件变动及其他不可量化的因素,决策者个人的经验、知识、洞察力和直觉、价值观等主观因素对决策有重大影响。

(4) 按决策问题所处的条件不同,决策分为确定型决策、风险型决策和不确定型决策。

① 确定型决策:是指各种可行方案需要的条件都是已知的,并且一个方案只有一种确定的结果。在确定型决策中,决策者确切知道自然状态的发生,每个方案只有一个确定的结果,最终选择哪个方案取决于对各个方案结果的直接比较。如某人有笔余款,他有几个备选方案:购买国库券,年利率7%;存一年期银行定期存款,利率3.25%;存银行活期存款,利率1.5%。如果这个决策者的目标只是想多获利息,那么他的决策是一种稳定条件下的决策(选买国库券)。确定型决策的各种可行方案的条件都是已知的,并且非常明确,只要比较各个不同方案的结果,就可以选择出最佳方案。

② 风险型决策:是指各种可行方案下的需要的条件大都是已知的,但是每一方案的执行都将会出现两种以上的不同结果,并且对各种结果将来出现的概率都是可以预测到的。在这类决策中,自然状态不止一种,决策者不能知道哪种自然状态会发生,但能知道有多少种自然状态以及每种自然状态发生的概率(可能性大小)。所以不管哪个决策方案都是有风险的。如企业开发一种新产品,产品价格在10元情况下,销路好的概率是50%,11元是30%,12元是20%。

③ 不确定型决策:是指各种可行方案出现的结果是未知的,且自然状态出现的概率也不清楚,或者只靠主观判断。在不确定型决策中,决策者可能不知道有多少种自然状态,即便知道,也不能知道每种自然状态发生的概率。大多数企业决策属于这种。如某公司欲发展海外业务,想选择一种进入海外市场的方式:间接出口、直接出口或者直接投资。由于环境不确定,目标国可能存在政治风险(政变、法律条款改变等)、汇率波动、文化习惯对产品的影响……这使每个备选方案都可能成功也可能失败,可能性无法衡量。不确定型决策关键在于尽量掌握有关信息资料,根据决策者的直觉、经验和判断果断行事。

(5) 按决策目标的多少,决策分为单目标决策和多目标决策。

① 单目标决策:是指决策行动只力求实现一种目标。单目标决策是针对单个属性或目标所进行的决策。它在生活中是比较常见的。例如学习某一门课程,老师为学生提供了一本参考书,学生自己是否购买就是一个单目标决策。

② 多目标决策:是指决策行动需要力图实现多个目标。多目标决策是涉及多个属性、多个目标(或准则、指标、因素、性能等)和目的,是根据多个目标准则来确定一个方案好坏的决策过程。由于各个目标之间经常是不可同时达到,甚至有些是矛盾或冲突的,所以要求多个目标同时实现最优是非常困难的,一般要把各目标特征量转化为效用函数,然后赋予各个目标相应权重,再做综合评价,从而确定最优方案。例如风险投资就是常见的多目标决策问题。

(6) 按决策目标与使用方法,决策分为定性决策和定量决策。

① 定性决策:定性决策一般难于用数学方法来解决,而主要依靠决策者的经验和分析判断能力。

② 定量决策:是指能够运用数学方法和数学模型,借助电子计算机而进行的一种决策。

4) 决策的影响因素

(1) 环境:环境的影响是双重的。一方面环境的特点影响着组织的活动选择。比如,就企业而言,需对经营方向和内容经常进行调整:位于垄断市场上的企业,通常将经营重点致力于内部生产条件的改善、生产规模的扩大以及生产成本的降低;而处在竞争市场上的企业,则需密切注视竞争对手的动向,不断推出新产品,努力改善营销宣传,建立健全销售网络。

另一方面对环境的习惯反应模式也影响着组织的活动选择。即使在相同的环境背景下,不同的组织也可能作出不同的反应。而这种调整组织与环境之间关系的模式一旦形成,就会趋向固定,限制着人们对行动方案的选择。

(2) 过去的经验:今天是昨天的继续,明天是今天的延伸。历史总是要以这种或那种方式影响着未来。在大多数情况下,组织决策不是在一张白纸上进行初始决策,而是对初始决策的完善、调整或改革。组织过去的决策是目前决策过程的起点;过去选择的方案的实施,不仅伴随着人力、物力、财力等资源的消耗,而且伴随着内部状况的改变,带来了对外部环境的影响。"非零起点"的目前决策不能不受到过去决策的影响。过去的决策对目前决策的制约程度要受到它们与现任决策者的关系的影响。如果过去的决策是由现在的决策者制定的,而决策者通常要对自己的选择及其后果负管理上的责任,因此会不愿对组织活动进行重大调整,而倾向于仍把大部分资源投入到过去方案的执行中,以证明自己的一贯正确。相反,如果现在的主要决策者与组织过去的重要决策没有很深的渊源关系,则会易于接受重大改变。

(3) 决策者对风险的态度:风险是指失败的可能性。任何决策都必须冒一定程度的风险。对待风险态度不同,会影响行动方案的选择。愿意承担风险的组织,通常会在被迫对环境作出反应以前就已采取进攻性的行动;而不愿承担风险的组织,通常只能对环境作出被动的反应。愿意冒风险的组织经常进行新的探索;而不愿意承担风险的组织,其活动则要受到过去决策的严重限制。

(4) 决策者的知识和能力:包括个人能力、个人价值观、决策群体的关系融洽程度。这些主体因素影响决策过程的顺畅以及决策结果的科学性和正确性。

(5) 组织文化:组织文化制约着组织及其成员的行为以及行为方式。在决策层次上,组织文化通过影响人们对改变的态度而发生作用。在具有开拓、创新气氛的组织中,人们渴望变化、欢迎变化、支持变化。显然,欢迎变化的组织文化有利于新决策的实施。相反,在偏向保守、怀旧、维持传统的组织中,人们总是对将要发生的变化产生怀疑、害怕和抵御的心理和行为,从而影响组织的决策。

5) 决策的依据

并非每一项决策都能够轻易作出,但在组织作出一项决策时需遵循以事实、价值以及环境、条件为依据的原则。

(1) 事实依据:是指将客观存在或客观发生过的事物作为判断依据,是决策的基本依据。西蒙把事实定义为:"关于可以观察到的事物及其运动方式的陈述。"这里所说的事实是指决策对象客观存在的情况,包括决策者对这种情况的客观了解和认识,主要强调的是决策对象存在的客观性,与我们平常所说的实事求是的"事实"是相同的。在决策中,只有把决策对象的客观存在情况搞清楚,才能真正找到目标与现状的差距,才能正确地提出问题和解决问题。否则,如果事实不清楚,或者在对事实的认识和理解中掺进了个人偏见,不管是说得过好还是过坏,都会使决策失去基本依据,造成决策从根本上的失误,这种情况在实际中并不少见。

(2) 价值依据:在这里所说的价值是决策者的价值观、伦理道德和某些心理因素,这些因素虽然都有主观性,但仍然是决策的依据或前提。这是因为对任何事物的认识或判断都不可避免地要掺进这些主观因素,否则就不能解释为什么对同一事物会有截然不同的看法,为什么对同一方案会有截然不同的两种或多种选择。我们应当承认价值观、伦理道德、心理因素在决策中的影响和作用,承认这些虽然不是唯心主义,但是也需要我们正确地认识事物依据与价值依据的关系。这里一个最基本的关系就是价值判断要以事实为基础,如果离开了这个基础,就不是一种正确的价值观,虽然有时可能作出"好"的决策,却永远也作不出正确的决策。

(3) 环境、条件依据:所谓环境、条件依据是指决策对象除事实因素和决策者价值因素以外的各种因素,如自然条件、资源条件、社会制度条件、科学技术条件以及人们的文化传统和风俗习惯条件等。在决策中之所以必须考虑这些因素,是因为这些因素对整个决策,包括决策目标的确定、决策方案的选择以及决策方式方法的采用等都起着制约作用。因此,在决策中,不但要看决策对象在事实上能够达到的程度,决策者在价值判断上希望达到的程度,还要看由各种环境和条件所制约而可能达到的程度。

 案例讨论

三 个 囚 犯

有三个人要被关进监狱三年,监狱长允许他们三个一人提一个要求。美国人爱抽雪茄,要了三箱雪茄。法国人最浪漫,要一个美丽的女子相伴。而犹太人说,他要一部与外界沟通的电话。三年过后,第一个冲出来的是美国人,嘴里鼻孔里塞满了雪茄,大喊道:"给我火,给我火!"原来他忘了要火了。接着出来的是法国人,只见他手里抱着一个小孩子,美丽女子手里牵着一个小孩子,肚子里还怀着第三个。最后出来的是犹太人,他紧紧握住监狱长的手说:"这三年来我每天与外界联系,我的生意不但没有停顿,反而增长了200%,为了表示感谢,我送你一辆劳斯莱斯!"

讨论题:

为何这三个人出狱时状态差距那么大?

任务2.2　决策理论

1) 古典决策理论

(1) 古典决策理论的基本观点:古典决策理论又称规范决策理论,是基于"经济人"假设提出来的,主要盛行于20世纪50年代以前。古典决策理论认为,应该从经济的角度来看待决策问题,即决策的目的在于为组织获取最大的经济利益(追求利润最大化)。古典决策理论认为,人是坚持寻求最大价值的经济人,具有最大限度的理性,能为实现组织和个人目标而作出最优的选择。

(2) 古典决策理论的主要内容

① 决策者必须全面掌握有关决策环境的信息情报。

② 决策者要充分了解有关备选方案的情况。
③ 决策者应建立一个合理的自上而下的执行命令的组织体系。
④ 决策者进行决策的目的始终都是使本组织获取最大的经济利益。

大多数学者认为,这种模型仅是描述了一种理想状态,对现代决策行为的描述不够真实。管理既是科学,又是艺术,决策包含相当大的艺术成分,不可能像规范决策那样,把纷繁复杂的现实简化,因而,简单地用它来进行实际决策往往是行不通的。

2) 行为决策理论

行为决策理论又称西蒙模型。20世纪50年代,诺贝尔经济学奖获得者赫伯特·A.西蒙提出"有限理性标准"和"满意标准",用"社会人"取代"经济人",大大拓展了决策理论的研究领域。行为决策理论认为,影响决策者进行决策的不仅有经济因素,还有其个人的行为表现,如态度、情感、经验和动机等。

行为决策理论认为,人的理性是完全理性和完全非理性之间的一种有限理性。决策者追求理性,但又不是最大限度追求理性,决策者只要求"有限理性"。这是因为人的知识有限,决策者既不可能掌握全部信息,也无法认识决策的详尽规律;人的计算能力有限,不要说人,即使是借助计算机,也没有办法处理数量巨大的变量方程组;人的想象力和设计能力有限,不可能把所有备选方案全部列出;人的价值取向并非始终如一,目的经常改变;人的目的往往多元化,而且互相抵触,没有统一的标准。

决策者在决策中追求满意标准,而非最优标准。在决策过程中,如果有一个备选方案能较好地满足定下的最基本的要求,决策者就实现了满意标准,他就不愿意再去研究寻找更好的备选方案了。生活也是如此,很多事情不能追求十全十美,刻意追求完美,有时会失落。

行为决策理论主张把决策视为一种文化现象。文化的影响其实就是一种社会的压力,会有意无意地迫使决策者按照自己的文化传统与认知进行决断和行动,这一切并不是建立在理性的基础之上的。父子在同一个问题上认识不同,儿子如何决策呢?按中国文化,儿子应当洗耳恭听,顺从父亲的决策;按美国文化,家长尊重子女的个性与独创,不要求顺从,儿子可以与父亲争辩。哪种选择是理性的呢?

任务2.3 决策过程

管理的核心作用体现在决策上,搞好决策是管理的根本要求。而决策是否合理、科学、及时、有效,在很大程度上取决于对内部条件和外部环境的预测是否准确。决策的正确与失误关系到组织和事业的兴衰存亡，因此，每一个管理者都必须认真研究决策科学，掌握决策理论、决策的科学方法和技巧，在千头万绪中找出关键之所在，权衡利弊，及时作出正确的可行的决策。

决策过程是指从问题到方案确定所经历的过程。决策是一项复杂的活动，有其自身的工作规律性，需要遵循一定的科学程序。在现实工作中，导致决策失败的原因之一就是没有严格按照科学的程序进行决策，因此，明确和掌握科学的决策过程，是管理者提高决策正确率的一个重要方面。

1）判断问题

决策是为了解决现实中提出的需要解决的问题或者为了达到需要实现的目标。决策是围绕着问题而展开的。没有问题就不需要决策；问题不明，则难以作出正确的决策。

决策的正确与否首先取决于判断的准确程度，因此，认识和分析问题是决策过程中最为重要也是最为困难的环节。当然在一个组织中总是存在许许多多的问题。例如在一个企业中，存在着企业如何在市场竞争中发展自己，开发什么样的新产品，开发新产品的资金如何筹措等问题。在一个具有两个或两个以上层次的组织中，仅仅将问题提出来是不够的，还必须在提出问题的基础上，对众多的问题进行分析，以明确各种问题的性质，弄清楚哪些是涉及组织全局的战略性问题，哪些只是涉及局部的问题，哪些是非程序性的问题，哪些是程序性问题，由此确定解决问题的决策层次，避免高层决策者被众多的一般性问题所烦扰而影响对重大问题的决策。现代管理要求管理人员运用现代管理科学的"望远镜和显微镜"以及分析问题的系统化技术，揭开纷繁的现象，显示其本质和核心，以使管理决策立足于真正问题之源上。

作为一个高效率的管理者，必须时刻注视形势的变化，以免使自己因毫无思想准备而陷入被动状态。环境因素的许多暗示都预示着面临决策的问题。管理者还应对环境的变化进行认真的分析，只有通过对各种预兆进行分析，才能透过表象看到环境变化的本质，才能找到造成问题的真正原因，对事物的发展作出超前的、正确的预计。不过，因为对形势的分析会受到决策者个人行为的影响，因此对同一现象，不同的管理者就可能得出不同的结果，自然也就作出了不同的决策。例如，日本索尼公司的盛田昭夫经常讲一个故事：两个卖鞋的商人，旅行来到非洲一个落后的农村地区，其中一个商人向他的公司发电报，说"当地人都赤脚，没有销售前景"；另一个商人也向他的公司发电报，内容却是"居民赤脚，急需鞋子，立即运货"。

因此，决策的第一步就要求决策者必须主动地深入实际调查研究，及时发现并提出新问题进而解决问题，以保证组织的健康发展。判断问题的过程主要包括两个方面的内容,即找出问题和寻找原因。

(1) 找出问题:一切决策都是从问题开始的。如果什么问题都不存在,那就没有必要作出决策。问题可以理解为在现有条件下,应该可以达到的理想状况和现实状态之间的差距(期望目标与实际情况间的差距)。只有正确地找出差距,才能进行有效的诊断。例如,医生诊断病人,心目中必然有一个健康人的模型作为标准,然后诊断病人有哪些地方出了毛病以致不符合健康人的标准。管理者的决策也是如此。

(2) 寻找原因:找到了差距,就要找到造成差距的原因。在决策过程中,如果根本原因不明确,为消除差距而设计的方案就不可能有效,或是仅仅为治表而付出巨大代价。

2) 确定目标

在所要解决的问题及其责任人明确以后,就要确定应当解决到什么程度,明确预期的结果是什么,也就是要明确决策目标。所谓决策目标是指在一定的环境和条件下,根据预测,对这一问题所希望得到的结果。

目标的确定十分重要,同样的问题,由于目标不同,可采用的决策方案也会大不相同。目标的确定,要经过调查和研究,掌握系统准确的统计数据和事实,然后进行一定的整理分析,根据对组织总目标及各种目标的综合平衡,结合组织的价值准则和决策者愿意为此付出的努力程度进行确定。确立目标时注意以下几个问题:

(1) 要有层次结构,建立目标体系。
(2) 目标是可能计量其成果、规定其时间、确定其责任的。
(3) 要规定目标的约束条件,如产值、利润等。
(4) 建立衡量决策的近期、中期、远期效果的三级价值标准。
(5) 目标的确定,要经过专家与领导的集体论证。

3) 搜集资料,掌握情报信息

搜集资料是进行科学决策的重要依据。资料的来源,一方面是统计调查资料;另一方面是预测资料。在搜集资料时要达到以下要求:

(1) 资料必须具有完整性。
(2) 资料情报必须具有可靠性。
(3) 对资料要做系统分析。
(4) 对一些不确切的问题或疑难问题,要召集专家及有关人员进行集体会诊,以作出定性分析和概率估计。

4) 拟定备选方案

决策要求有两个以上的备选方案,以便比较选择。要拟定尽可能多的备选方案来解决问题。关于决策，人们在实践中总结出两条规则：一是在没有不同意见前，不要作出决策；二是"如果事情看来似乎只有一种方法去做，那么这种方法通常是错误的，也是危险的"。寻找方案的方法有两种：经验和创造。经验可能是决策者或决策群体自己的，也可能是别的管理者或别的群体的实际做法。很多问题都是例行问题，例行决策。在竞争激烈的现代社会，决策者应具有随机应变的创造力。企业的发展需要新颖的、独创的方案，它不是过去的再现，也不是别人的翻版，而是一种独到的、适应当前环境的新做法，只有这样才能走在别人的前面，确立竞争优势。换个思路来说就是，在制定备选方案时既要注意科学性，又要注意有创造性。无论哪一种备选方案，都必须建立在科学的基础上。方案中能够进行数量化和定量分析的，一定要将指标数量化，并运用科学、合理的方法进行定量分析，使各个方案尽可能建立在客观科学的基础上，减少主观性。要充分发挥集体的智慧才能，让大家畅所欲言，充分发表自己的意见，然后通过集体充分的讨论，这样制定出来的备选方案往往会更有针对性和创造性。

决策实际上是对解决问题的种种行动方案进行选择的过程。为解决问题，必须寻找切实可行的各种行动方案。各种行动方案都有其优点和缺陷，决策要求以"满意原则"来确定方案。拟定备选方案过程要求做到：

(1) 必须制定多种可供选择的方案，方案之间具有原则区别，便于权衡比较。

(2) 每一种方案以确切的定量数据反映其成果。

(3) 要说明本方案的特点、弱点及实现条件。

(4) 各种方案的表达方式必须做到条理化和直观化。

5) 优选方案

实际生活中发现有些备选方案从某个角度讲是合理的，但从另一个角度看却有缺陷，这时如何合理分析每个备选方案的利弊，最终选择最有希望解决问题的方案，是决策过程中的最关键工作。应注意鉴定所有方案执行后可能产生的后果。要明智地评价备选方案，必须设法预测该方案执行后可能产生的后果，应尽量把所有可能都估计到。对方案的后果做了预测之后，还要对其进行评估，用满意标准，如果一个方案达到这个标准就是可以接受的，运用这种方法可以使决策过程简化。不合格的备选方案被否决，减少决策工作量。

6) 实施决策方案

在方案选定之后，决策者就要执行方案，否则难以达到决策的目标。决策者要及时制订实施方案的具体措施和步骤，确保方案的有效、正确实施；确保与方案有关的各种指令能被所有有关人员充分接受和彻底了解；应用目标管理方法把决策目标层层分解，落实到每一个执行单位和个人；建立重要的工作报告制度，以便及时了解方案进展情况，及时进行调整。

7）监督和评价决策效果

这是决策过程中的最后一个步骤。一个决策者应该通过信息的反馈来衡量决策的效果。决策是一种事前的设想，在实际的实施过程中，随着形势的发展，实施决策的条件不可能与设想的条件完全相吻合，况且，在一些不可控因素的作用下，实施条件和环境与决策方案所依据的条件之间可能会有较大的出入。这时，需要改变的不是现实，而是决策方案。所以，在决策实施过程中，决策者应及时了解、掌握决策实施的各种信息，及时发现各种新问题，并对原来的决策进行必要的修订、补充或完善，使之不断地适应变化了的新形势和条件。一项决策实施之后，对其实施的过程和情况进行总结、回顾，既可以明确功过，确定奖惩，还可使自身的决策水平得到进一步的提高。比如，如果一个方案实施后达到了原来的要求，那么这一方案就达到了理想的效果；如果没有达到原来的要求，那么就要分析管理者对前一决策形势的认识和分析是否有错误或是这一方案在执行过程中的方法是否正确，从而决定是对方案本身进行修改还是对实施的方法进行改变。

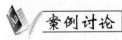

从淘金到卖水

亚默尔原来是一介农夫，他卷进了当时美国加州的淘金热潮，当在山谷难圆黄金梦时，他注意到矿场气候干燥，水源缺乏，淘金者很难喝到水。甚至有饥渴难耐的掘金者声称："给我一杯清水，我愿用一块金子来换。"于是亚默尔决心转移淘金的目标——变为挖掘水井卖水，只要把水运到矿场，便可赚大钱。他用挖金矿的铁锹挖井，掘出的不是黄金，而是地下的水。他把水送到矿场，受到淘金者的欢迎。许多人嘲笑他的选择，但他坚持自己的决策。果然如他所料，当水送到淘金地时，一块块金币也流入了亚默尔的腰包。此时的资本积累为他日后经营大企业打下了基础。

讨论问题：

亚默尔的决策说明了什么决策问题？

任务3.4　决策的基本方法

决策的科学性主要体现在决策过程的理性化和决策方法的科学化上管理者为进行

正确决策应学会一整套专门的决策方法。一般来说,决策方法可归为两大类:定性决策方法和定量决策方法。

1) 定性决策方法

定性决策方法是指在经营过程中充分发挥人们的主观能动性,运用社会学、心理学、组织行为学、政治经济学等有关专业知识、能力和经验,探索所决策事物的规律性,从而作出科学、合理的决策。这种决策方法适合于社会因素影响较大的、战略性非程序化问题的决策。常用的定性决策方法有以下几种:

(1) 头脑风暴法:头脑风暴法是指依靠一定数量专家的创造性逻辑思维对决策对象未来的发展趋势及其状况作出集体判断的方法。

该方法是由美国创造工程学家奥斯本于1939年为了帮助一家广告公司产生观点而制定的。这种方法问世后,被广泛地应用到许多需要大量的新方案来回答某一具体问题的场合。通常是将对解决某一问题有兴趣的人集合在一起,用小型会议的形式,启发大家畅所欲言,充分发挥创造性,经过相互启发,让创造性设想产生连锁反应,从而引发更多的创造设想的灵感火花。这种方法需要创造一种有助于观点自由交流的气氛,开始只注重提出尽可能多的设想,并且不过多地考虑其现实性,某些人提出一些想法后,鼓励其他人以此为基础或利用这些想法提出自己的设想。通过这些方法找到新的或者是异想天开的解决问题的方法。

头脑风暴法运用的关键是要创造一个良好的环境,任何人提出的任何意见都要受到尊重,不得指责或批评,也不准暗示或贬低别人的意见,更不能阻挠发言。目的在于克服群体压力,发掘人们内心的创造力。

(2) 名义小组法:管理者先召集一些有相关知识的人,将问题的关键告诉他们,请他们独立思考,要求每个人尽可能地把自己的备选方案和意见写下来。然后再按次序让他们一个接一个地陈述自己的方案和意见。在此基础上,全体小组成员对各种行动方案投票表决。

(3) 德尔菲法:德尔菲法主要是由调查者拟定调查表,按照既定程序,以函件的方式分别向专家组成员进行征询;而专家组成员又以匿名的方式(函件)提交意见。经过几次反复征询和反馈,专家组成员的意见逐步趋于集中,最后获得具有很高准确率的集体判断结果。

德尔菲法运用时首先要设法取得有关专家的合作,然后把要解决的关键问题告诉各位专家,收集并综合各位专家的意见,再把综合后的意见反馈给各位专家(一般不超过20人),让他们再次进行分析并发表意见,如此反复多次(经过3~5轮),最终得到一个满意结果。由此可见,德尔菲法本质上是一种反馈匿名函询法,是一种利用函询形式进行的集体匿名思想交流过程。它有以下三个明显区别于其他专家预测方法的特点：

① 匿名性：因为采用这种方法时所有专家组成员不直接见面，只是通过函件交流，这样就可以消除权威的影响。这是该方法的主要特征。匿名是德尔菲法的极其重要的特点，从事预测的专家彼此互不知道其他有哪些人参加预测，他们是在完全匿名的情况下交流思想的。后来改进的德尔菲法允许专家开会进行专题讨论。

② 反馈性：该方法需要经过3～5轮的信息反馈，在每次反馈中调查组和专家组都可以进行深入研究，使得最终结果基本能够反映专家的基本想法和对信息的认识，所以结果较为客观、可信。小组成员的交流是通过回答组织者的问题来实现的，一般要经过若干轮反馈才能完成预测。

③ 统计性：最典型的小组预测结果是反映多数人的观点，少数派的观点至多概括地提及一下，但是这并没有表示出小组的不同意见的状况。而统计回答却不是这样，它报告1个中位数和2个四分点，其中一半落在2个四分点之内，一半落在2个四分点之外。这样，每种观点都包括在这样的统计中，避免了专家会议法只反映多数人观点的缺点。

(4) 电子会议法：电子会议法是将名义小组法与计算机技术相结合的一种最新的群体决策方法。

目前电子会议法所需要的技术已经比较成熟，概念和操作也比较简单。它要求人数众多的人(可多达50人)围坐在一张马蹄形的桌子旁。这张桌子上除了一系列的计算机终端外别无他物。主办者将问题显示给决策参与者，决策参与者把自己的回答打在计算机屏幕上，个人评论和票数统计都投影在会议室内的屏幕上。

电子会议法的主要优点是匿名、诚实和快速，而且能够超越空间的限制。决策参与者能不透露姓名地打出自己所要表达的任何信息。它使人们充分地表达他们的想法而不会受到惩罚，它消除了闲聊和讨论偏题。

2) 定量决策方法

定量决策方法是建立在数学公式(模型)计算基础上的一种决策方法，它运用统计学、运筹学、计算机等科学技术，把决策的变量与目标用数学关系表示出来，求方案的损益值，选择出满意的答案。定量决策法又可分为确定型、风险型和非确定型三种决策方法。

(1) 确定型决策方法：确定型决策具备的条件是：决策要达到的一个明确目标，有可供选择的两个以上的可行方案，只出现一种自然状态，其概率为1，在这种自然状态下的损益值可以计算。由于一个方案只有一个结果，因此，易于凭结果判断方案的优劣而进行决策。常用的决策方法有量本利分析法、线性规划法等。这里主要介绍量本利分析法。

量本利分析法又称盈亏平衡分析法,它是根据产量、成本和利润三者之间的关系,进行盈亏分析的一种科学方法。它是一种简单有效、使用范围较广的定量决策方法,它广泛应用于生产方案的选择、目标成本预测、利润预测、价格制定等决策问题上。

盈亏平衡分析法的关键是找到盈亏平衡点,即企业生产、经营一种产品达到不盈不亏时的产量。掌握盈亏变化的临界点(即保本点)及盈亏变化的规律,指导企业选择能够以最小的生产成本生产最多产品并可使企业获得最大利润的经营方案。显然,生产量低于这个产量时,则发生亏损;超过这个产量时,则获得盈利。随着产量的增加,总成本与销售额随之增加,当到达平衡点 A 时,总成本等于销售额(即总收入),此时不盈利也不亏损,正对应此点的产量即为平衡点产量,销售额即为平衡点销售额。同时,以 Q_0 点为分界,形成亏损与盈利两个区域。此模型中的总成本是由固定成本和变动成本构成的。按照是以平衡产量 Q_0 还是以平衡点销售额 S_0 作为分析依据,可将盈亏平衡分析法划分为盈亏平衡点产量(销量)法和盈亏平衡点销售额法,如图 2-3 所示。

企业的成本可分为固定成本和变动成本。所谓固定成本,是指在一定的生产能力范围内,其总额相对固定,不随产量或销量变化的成本,如办公费、固定资产折旧、管理人员的工资等。固定成本总额不变,而单位产品分摊的固定成本的高低与产量变化成反比。所谓变动成本,是指在一定条件下,其总额随产量或销量的变动而变动的成本,如原材料、产品包装费、生产工人工资等,其单位产品可变成本保持不变。

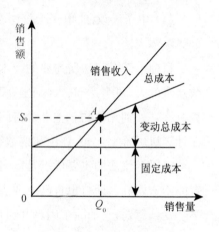

图 2-3 盈亏平衡图

量本利分析法的基本公式如下:

$$S = P \times Q$$

$$C = F + V \times Q$$

$$I = P \times Q - (F + V \times Q)$$

式中:S——销售额;

P——销售单价;

Q——销售量;

C——总成本;

F——固定成本;

V——单位产品变动成本；

$V \times Q$——变动总成本；

I——利润。

盈亏平衡时 $I=0$，企业不亏不赢，则有：

$$P \times Q = F + V \times Q$$

$$Q_0 = \frac{F}{P-V}$$

式中：Q_0——盈亏平衡点销售量。

当 $I \neq 0$ 时，则可得：

$$Q = \frac{I+F}{P-V}$$

[例题2-1]：某企业 A 产品计划销售单价为 1 000 元，年计划固定成本总额为 1 600 万元，该产品单位变动成本为 500 元。要求计算：①盈亏平衡时的销售量和销售额。②年产销量为 48 000 件时的利润额。

解：① 盈亏平衡时的销售量和销售额分别为：

$$Q_0 = \frac{F}{P-V} = \left(\frac{1\ 600 \times 10^4}{1\ 000 - 500}\right) = 32\ 000(件)$$

$$S_0 = (32\ 000 \times 1\ 000) = 32\ 000\ 000(元) = 3\ 200(万元)$$

② 当年产销量为 48 000 件时的利润额为：

$$I = (P-V) \times Q - F = [(1\ 000 - 500) \times 48\ 000 - 1\ 600 \times 10^4]$$

$$= 8\ 000\ 000(元)$$

$$= 800(万元)$$

量本利分析法还可对企业经营安全状态作出分析，预测一定销售量下的利润水平。

企业的经营状况的好坏可以通过经营安全率来加以判定，经营安全率的计算公式为：

$$L = \frac{Q_1 - Q_0}{Q_1} \times 100\%$$

式中：L——经营安全率；

Q_1——实际销售量；

Q_0——盈亏平衡点销售量(额)。

经营安全率是反映企业经营状况的一个重要指标，它可以根据表 2-2 中的数值来判断企业的经营安全状态。

表 2-2 企业经营安全率

经营安全率	>30%	25%~30%	15%~25%	10%~15%	<10%
经营状态	安全	较安全	不太好	要警惕	危险

（2）风险型决策方法：风险型决策方法是指未来自然状态是不确定的，当我们已知各种自然状态出现的可能性大小，那么就可以依据统计学的观点来进行决策。决策者在决策时，无论采用哪一个方案，都要承担一定风险。风险型决策问题，可以借助决策树这一工具来进行决策。

决策树分析法是指借助树形分析图，根据各种自然状态出现的概率及方案预期损益，计算与比较各方案的期望值，从而抉择最优方案的方法，如图2-4所示。

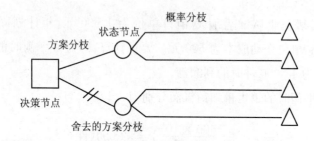

图 2-4 决策树结构和形式示意图

① 决策树的组成：□决策节点：用方框表示，从它引出的分枝叫方案分枝。○状态节点：用圆圈表示，从它引出的分枝叫概率分枝。△结果节点，即某种自然状态下采用某一方案后的收益值。

② 决策树的决策步骤：第一步是绘制决策树图形。首先从左端决策点（□）出发，按备选方案引出相应的方案分枝（—），每条方案分枝上注明所代表的方案；然后，每条方案分枝到达一个状态节点（○），再由各状态节点引出各个状态分枝（也称作概率分枝，用"——"表示），并在每个状态分枝上注明状态内容及其概率；最后，在状态分枝末端（△）注明不同状态下的损益值。决策树完成后，再在下面注明时间长度。

第二步是计算损益期望值。损益期望值的计算要从右向左依次进行。首先将各种自然状态的收益值分别乘以各自概率枝上的概率，再乘以计算期限，然后将各概率枝的值相加，标于状态节点上。

第三步是剪枝。比较各方案的损益期望值。剪掉损益期望值小的方案，最终只剩下一条贯串始终的方案分枝，它的损益期望值最大，是最佳方案，将此最大值标于决策节点上。

［例题2-2］：某企业计划未来10年内生产某种产品，需要确定其产品批次。经过

对市场的分析,提出大、中、小三种批量的生产方案。这三种方案的投资额分别为200万元、180万元、130万元,三种方案在不同的自然状态下的收益值如表2-3所示,试用决策树法进行决策。

表2-3 三种方案在不同自然状态下的收益值　　　　(单位:万元)

方案	收益值		
	畅销 $P=0.4$	一般 $P=0.5$	滞销 $P=0.1$
大批量(投入200)	120	80	30
中批量(投入180)	100	90	50
小批量(投入130)	80	80	20

解:绘制决策树如图2-5所示。

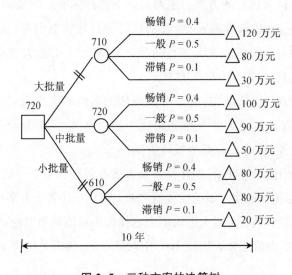

图2-5 三种方案的决策树

大批量的损益期望值 $= [(120\times0.4+80\times0.5+30\times0.1)\times10-200]$
　　　　　　　　$=710(万元)$

中批量的损益期望值 $= [(100\times0.4+90\times0.5+50\times0.1)\times10-180]$
　　　　　　　　$=720(万元)$

小批量的损益期望值 $= [(80\times0.4+80\times0.5+20\times0.1)\times10-130]$
　　　　　　　　$=610(万元)$

可见中批量方案较优,应剪去其他两个方案枝。

(3) 非确定型决策方法:非确定型决策是指由于存在不可控因素,一个方案可能出现几种不同的结果,而对各种可能的结果没有客观概率作为依据的决策。

[例题 2-3]：某企业开发一种新产品，由于缺少相关资料，对未来的市场需求只能作大致估计，可能是高、中、低三种状态。该企业设计三种方案，每种方案在各种自然状态下的损益值如表 2-4 所示。

表 2-4 决策方案损益值表　　　　　　　　　　（单位：万元）

方案	市场需求量		
	低	中	高
A	−200	600	1 000
B	100	500	750
C	150	300	600

由于决策者对决策问题的价值观念、胆识和经验等个性素质不同，可根据不同的标准和原则，选择自己认为满意的方案。主要有以下选择标准：

① 最大最大（乐观）决策准则：决策者从最好的自然状态出发，从各个行动方案的最大收益中，选取收益最大的方案为最优方案。从表 2-4 中最大收益值（1 000，750，600）中取最大的，故选 A 方案为最优方案。

② 最小最大（悲观）决策准则：决策者从最坏的自然状态出发，从各个决策方案的最小收益值中选取收益值最大的方案为最优方案。从表 2-4 中最小收益值（−200，100，150）中取最大者，故选 C 方案为最优方案。

③ 最小最大后悔值决策准则：先计算各个方案在各种状态下的后悔值，所谓后悔值是指所选方案的收益值与最优方案的收益值之差。然后找出各个方案在各种状态下后悔值中的最大后悔值，最后从各个最大后悔值中选择最小后悔值所对应的方案即为最优方案。表 2-5 中最大后悔值（350，250，400）中取最小的，故选 B 方案为最优方案。

表 2-5 后悔值表　　　　　　　　　　　　　（单位：万元）

方案	需求量			最大后悔值
	低	中	高	
A	350	0	0	350
B	50	100	250	250
C	0	300	400	400

案例讨论

该由谁骑这头驴

一位农民和他的孙子到离村 12 里地的城镇去赶集。开始时老农骑着驴，孙子跟在驴后面走。没走多远,就碰到一位年轻的母亲,她指责农夫虐待他的孙子。农夫不好意思地下了驴,让给孙子骑。走了1里地,他们遇到一位老和尚,老和尚见少年骑着驴,而让老者走路,就骂年轻人不孝顺。孙子马上跳下驴,看着他爷爷。两人决定谁也不骑驴。

两人又走了4里地,碰到一学者,学者见两人放着驴不骑,走得气喘吁吁的,就笑话有驴不骑,自找苦吃。农夫听学者这么说,就把孙子托上驴,自己也翻身上驴。两人一起骑着驴又走了3里地,碰到了一位外国人,这位外国人见他们两人合骑一头驴,就指责他们虐待牲口!

讨论题:

你若是那位老农,你会怎么做?

任务 3　目 标 管 理

古典管理理论偏重于以工作为中心,忽视了人的因素;而行为科学理论又偏重于以人为中心,忽视了人同工作的结合。有没有一种管理方法,将上述两种思想结合起来,将为实现组织目标所需做的工作和做这些工作的人相结合呢？这就是目标管理。目标管理就是把经理人或经营者的工作由监督、控制下属转变为与下属共同设定管理标准和目标,变被控制为自我控制。现代管理大师杜拉克在 20 世纪 70 年代专门讨论过目标管理的问题。他说,目标管理的概念来自民间,真正的运用也是在第一次世界大战后由杜邦公司实施的。从实施原则及实施的好处来看,目标管理的实施涉及企业的各个层次及所有人员,其管理运用是系统性的而不是局部性的,其运用的有效性决定企业运行的成功与否,也是企业管理水准的体现。

任务 3.1　目标管理的概念和特点

1) 目标管理的概念

目标是组织存在的依据,是组织的灵魂,是组织期望达到的最终结果。任何一个组织要想存在,都要有它的任务和使命,即组织的目的。根据组织的目的,再确定组织成员能够努力并付诸实施的具体目标。目标是组织行动的出发点和归宿。目标为管理决策指明了方向,并同时作为标准用来衡量实际的绩效。组织正是通过这些标准来引导组织成员的行动并考核行为的结果。

组织目标的性质主要有:

(1) 目标的多样性:一个组织的目标往往是多个而非单一。一项针对美国最大 80 家公司的调查表明,每家公司设立的目标数量为 1~18 个,平均是 5~6 个。

(2) 目标的层次性:组织目标从上到下可分为多个等级层次,从而形成一个有层次的体系,并且目标的层次性与组织的层次性密切联系,如图 2-6 所示。

(3) 目标的网络性：一个组织的总目标通常是通过各种互为联系的活动的相互影响、相互支持来实现的。

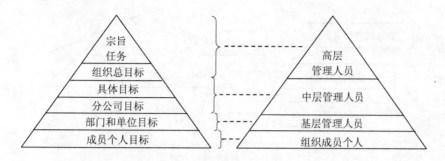

图 2-6　目标层次与组织层次的关系

目标管理的英文名称是 Management by Objectives，简称 MBO。目标管理始创于 20 世纪 50 年代的美国，是以泰罗的科学管理和行为科学理论为基础形成的一套管理制度。1954 年，彼得·德鲁克在《管理的实践》一书中首先提出了"目标管理和自我控制的理论"，并对目标管理的原理做了较全面的概括。我国企业于 20 世纪 80 年代初开始引进目标管理，现在，目标管理已成为世界上比较流行的一种企业管理制度，它被广泛地应用在企业、医院、学校和政府机构中，特别是应用在对管理人员进行管理的活动中。

芮明杰给目标管理下的定义是："概括地说，目标管理是一种综合的以工作为中心和以人为中心的系统管理方式。它是一个组织中上级管理人员同下级管理人员以及员工一起共同来制定组织目标，并把其具体化展开至组织每个部门、每个层次、每个成员那儿，与组织内每个单位、部门、层次和成员的责任和成果相互密切联系，明确地规定每个单位、部门、层次和成员的职责范围，并用这些措施来进行管理、评价和决定对每个单位、部门、层次和成员的贡献和奖励报酬等一整套系统化的管理方式。"

目标管理的概念可以概括为：组织的最高领导层与各级管理人员共同参与制定出一定时期内经营活动所要达到的各项工作目标，然后层层落实，要求下属各部门主管人员以至每个员工根据上级制定的目标制定出自己工作的目标和相应的保证措施，形成一个目标体系，并把目标完成情况作为各部门或个人考核依据的一套管理方法。

目标管理有三层含义：

(1) 组织目标是共同商定的，是一种双向的过程，由上级和下级共同制定目标，上级目标有下级目标的参与，下级的目标也是上下级协商确定的，而不是上级下指标、下级提保证，如图 2-7 所示。

(2) 根据组织的总目标决定每个部门以及每个人负担什么任务、责任以及应达成的分目标。

（3）以这些总目标和分目标作为单位经营和个人活动的依据，一切活动都围绕着如何达到这些目标，将履行职责变为达到目标，个人和单位考核也以目标为依据。

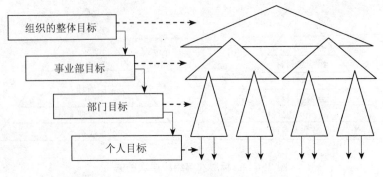

图 2-7　目标管理的设定过程

2）目标管理的特点

（1）目标管理强调以目标网络为基础的系统管理：组织本身是一个系统，组织的各种目标之间很少表现为简单的线性关系，而是构成比较复杂的网络系统。也就是说，各种目标的实现在逻辑上并不存在简单的先后次序关系，而是要求构成网络的各个具体目标之间必须保持彼此之间的协调明了，使得各种计划都能有条不紊地如期实现。

目标管理首先由管理层确定一定时期的总目标，然后对总目标进行分解，层层下达，逐级展开，形成不同层次、不同要求的多个目标。这些目标之间相互关联、相互支持，形成整体的目标网络系统，从而保证组织目标的整体性和一致性。

（2）目标管理强调"自我控制"：目标管理既重视科学管理，又重视人的因素。目标管理认为，员工是愿意负责的，愿意在工作中发挥自己的聪明才智和创造力。如果我们控制的对象是一个社会组织中的"人"，则必须通过对动机的控制来实现对行为的控制。目标管理的主旨是用"自我控制管理"代替"压制性的管理"，这种"自我控制"可以激励员工尽自己最大的努力把工作做好。

（3）目标管理促使权力下放：目标管理是一种民主的管理。目标管理的网络化将目标层层分解下达，这就要求各级管理人员明确自己的管理目标和管理责任。上级要根据目标的需要，授予下级部门和个人相应的权力，才能激励下级部门和个人充分发挥自己的聪明才智，保证目标的顺利实现。因此，授权是提高目标管理效果的关键，推行目标管理，可以促使权力下放。

（4）目标管理注重成果：德鲁克强调，凡是其业绩影响企业组织健康成长的所有方面，都必须建立目标。由于目标管理有一套完整的目标考核体系，能够对组织成员中的实际贡献和业绩大小进行评价，从而克服了以往凭印象、主观判断等传统的管理方式的不足。

（5）目标管理强调时间性：任何组织目标都有时间性，所以在确定组织目标时必须明确其时间跨度。另外，由于计划制定者认识上的局限性和环境条件的多变性，可能发生计划与实际不完全相符的情况，因此管理者要根据组织内外条件的变化及时制定出新的目标，即组织目标是随着时间而发展变化的。

目标管理强调时间性，制定的每一个目标都有明确的时间期限要求，如一个季度、一年、五年，或在已知环境下的任何适当期限。在大多数情况下，目标的制定可与年度预算或主要项目的完成期限一致。但并非必须如此，这主要是依实际情况来定。某些目标应该安排在很短的时期内完成，而另一些则要安排在更长的时期内完成。同样，在典型的情况下，组织层次的位置越低，为完成目标而设置的时间往往越短。

 案例讨论

业绩非凡为何却被免职

中国的保险市场是一块巨大的蛋糕。自2001年中国加入世界贸易组织起，中国保险市场从开了一条门缝到逐渐打开大门，截至2012年底，中国市场共有外资保险机构52家，其中财险21家，寿险26家，再保险5家。但在"做熟人生意"的中国保险市场，中资保险机构的优势仍很明显。单就市场份额而言，外资保险机构的市场占有率很低，其中财险市场仅占1%的份额，寿险市场也仅有4.04%的份额。这从另一个侧面说明，保险业对外资的开放并未威胁到中资保险企业的市场地位，反而成为其迅速壮大的催化器。

2010年，一家美国保险公司准备进驻上海市场，选聘了上海本地的一名职业经理人做总经理，在履职前美国保险公司总裁向这名姓王的总经理介绍了公司的营销战略是三年后占据上海市场4%的寿险份额，同时向他布置了总公司给他的第一年的任务：在上海的市场占有率达到0.5%，并且告诉他，公司有牺牲三年利润的实力，让他做好思想准备。

王总领命之后，雄心勃勃，充分利用了在业内工作多年的经验，一改很多外资保险公司一进入中国市场就年年亏损的厄运，第一年就为公司赚取了不菲的利润额，并且公司的市场占有率离目标指标也只有一步之遥。2011年底，王总兴致勃勃地赴美国纽约进行年终述职，满以为会被奖赏的他，结果却被总裁就地免职，问其原因，总裁说："你没有完成公司给你的连亏三年的任务，以保证公司……"

讨论题：

请根据以上案例分析：美国保险公司给王总的工作目标是什么？王总为什么工作认真、业绩出众却被就地免职？

任务 3.2 目标管理的基本程序

管理学家斯蒂芬·罗宾斯认为,目标管理共有以下八个步骤:

(1) 制定组织的整体目标和战略。
(2) 在经营单位和部门之间分配主要目标。
(3) 各单位的管理者和他们的上级一起设定本部门的具体目标。
(4) 部门的所有成员参与设定自己的具体目标。
(5) 管理者与下级共同商定实现目标的行动计划。
(6) 实施行动计划。
(7) 定期检查实现目标的进展情况,并向有关单位和个人反馈。
(8) 基于绩效的奖励促进目标的成功实现。

根据斯蒂芬·罗宾斯目标管理的八个步骤,我们可以概括为:目标管理主要是由目标体系的建立、目标实施和目标业绩考评三个阶段形成的,第一步到第五步概括为目标体系的建立阶段,第六步为目标实施阶段,第七步和第八步概括为目标业绩考评阶段。这是一个周而复始的循环,预定目标实施后,又要制定新的目标,进行新一轮循环。用图 2-8 可以帮助我们比较清楚地、直观地了解目标管理的三个基本程序。

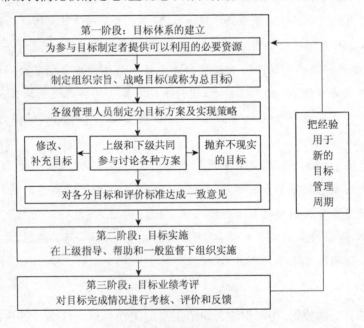

图 2-8 目标管理基本程序

1）目标体系的建立

实行目标管理，首先要建立一套完整的目标体系。根据组织的宗旨，充分研究组织的外部环境和内部环境，分析可供利用的机会和面临的威胁以及组织自身的优势和弱点，通过上级管理者的意图与员工意图的上下沟通，对目标项和项目值反复商讨、评价、修改，取得统一意见，最终确定出组织一定时期特定的总目标。这项工作总是从企业的最高主管部门开始的，然后由上而下地逐级确定目标。上下级的目标之间通常是一种"目的—手段"的关系。某一级的目标，需要用一定的手段来实现，这些手段就成为下一级的次目标，按级顺推下去，直到作业层的作业目标，从而构成一种锁链式的目标体系。

上下级的目标之间形成的"目的—手段"关系，总目标是分目标的目的，分目标是总目标的保证，这也是目标纵向性的表现。目标展开示意图如图2-9所示。

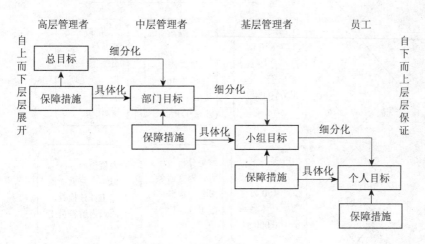

图 2-9　目标展开示意图

目标分解展开的要求如下：

（1）组织开展多方位、多层面的协调活动：上下级间应进行深入的交流和沟通，一方面对各级目标的目标项、目标值反复商讨和评价。力争做到：目标实施计划编制细致，问题分析透彻，各项保证措施具体、明确。另一方面，对目标成果考评内容和目标成果考评办法反复商讨和评价，目标成果考评内容必须与目标管理计划相符合，目标成果考评办法将影响目标成果考评结果，进而决定各类人员的利益和待遇。另外要力争做到：目标成果考评内容规范、考核标准公平合理。

（2）建立一套以组织总目标为中心的一贯到底的目标体系：根据目标制订计划和目标成果考评内容与办法绘制组织各部门人员的目标体系图，如图2-10所示，或绘制目标措施表，形成目标管理实施计划文件，落实各级人员的目标责任。同时，明确目标进度日期要求。

（3）举行签字仪式：各部门负责人与目标项目的责任人在目标管理实施文件上签字，以便确认目标责任计划。签字文件是目标实施和目标成果考评的依据。

2）目标实施

目标实施是目标管理过程的第二阶段工作，它是关系到目标能否实现的关键环节。这一阶段的所有工作都是围绕实现目标体系所确定的目标和要求来进行的。为保证目标的顺利实现，在实施阶段要做好以下两个方面的工作。

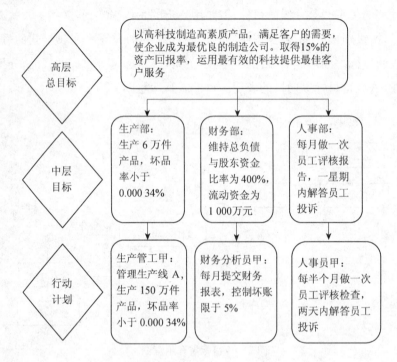

图2-10 某制造公司部分部门人员的目标体系

（1）逐级授权和自我控制：建立了组织自上而下的目标体系后，上一级就根据责权相等的原则，授予下级部门或员工个人以相应的权利，而自己去抓重点的综合性管理。下级部门或员工个人有权、有责，在工作中发挥自己的聪明才智和创造性，产生强烈的责任感，自行决定目标实施的具体途径和方法，实行自主管理。如果在明确了目标之后，作为上级主管人员还像从前那样事必躬亲，便违背了目标管理的主旨，不能获得目标管理的效果。

（2）实施过程的检查和控制：在目标实施过程中，上级管理者应对目标实施过程实行检查和控制。主要体现在指导、协助、检查、提供信息以及创造良好的工作环境等方面。检查一般实行下级自查报告和上级巡视指导相结合的方法。如果发现问题，应及时给予解决。另外，在实施过程检查的基础上，应将目标实施的各项进展情况、存在的问题等用一定的图标和文字反映出来，对目标值和实际值进行比较分析，实现目标实施的动态控制。

3) 目标业绩考评

目标业绩考评就是对各级目标的完成情况进行检查和评价。目标成果的考评结果将决定各类人员的利益和待遇。目标成果考评内容必须与目标管理计划相符合。

目标业绩考评一般实行自我评价和上级评价相结合、共同协商确认成果的方法。自我考评,就是员工个人对照目标和所取得的成绩来判断自己做得如何。上级考评,就是组织的上级部门对下级部门及组织成员进行考评,考评过程也是对照工作业绩与目标进行分析判断。

目标业绩的具体评价一般采用综合评价法,即在考评过程中主要考评三个方面的内容。按目标的完成进度、目标的复杂困难程度和在实现目标过程中的努力程度三个要素对每一个目标进行评定,确定各要素的等级分,修正后得出单项目标的分数值,再结合各单项目标在全部目标中的重要性权数,便得出综合考虑的目标成果值,以此来确定目标成果的等级评价要素重要性权数参考数据表,如表2-6所示。

表2-6 评价要素重要性权数参考数据表

人员	完成程度	复杂程度	努力程度
一般员工	5	3	2
基层领导或管理人员	6	2	1
中层领导	7	2	1

(1) 目标的完成程度:目标的完成程度是指目标的实际完成值和目标计划值之比,分为A、B、C三级。定量目标按目标的完成率进行定量评定;而对于那些如"提高职工工作积极性"或"提高服务质量"之类只有定性表示的目标,可以结合民意测验进行定性评定。

(2) 目标的复杂难易程度:目标的难度是指目标任务本身的性质、客观条件、环境变化以及实现目标必须付出的代价大小,分为A、B、C三级。

(3) 成员主观努力程度:主要是看个人在完成目标时,发挥主观能动性的情况。在实施目标过程中,会遇到各种有利或不利的条件,此时,目标责任者的主观努力程度是不同的,也分为A、B、C三级。各部门的目标成果登记也用同样的方法进行评价。

目标管理的工作评价特别强调把评价的中心放在工作的成效上而不是放在个人品格上,这样的评价方法具有建设性,可以激发人们的工作热情,并能促使员工成长和发展。目标业绩考评是目标管理的最后阶段,也是下一个目标管理循环的开始。通过目标业绩考评,组织及时宣传成功的经验、总结失败的教训,并据此制定相应的规则或标准,为下一循环打好基础。

案例讨论

一年赚100万能做到吗

有个同学举手问老师:"老师,我的目标是在一年内赚100万!请问我应该如何计划我的目标呢?"

老师便问他:"你相不相信你能达到目标?"他说:"我相信!"老师又问:"那你知不知道要通过哪个行业来达到目标?"他说:"我现在从事保险行业。"老师接着又问他:"你认为保险业能不能帮你达到这个目标?"他说:"只要我努力,就一定能达到。"

"我们来看看,你要为自己的目标作出多大的努力。根据我们的提成比例,100万的佣金大概要做300万的业绩。一年:300万业绩。一个月:25万业绩。每一天:8 300元业绩。"老师说,"每一天8 300元业绩,大概要拜访多少客户?""大概要50个人。"老师接着问他:"那么一天要50人,一个月要1 500人;一年呢?就需要拜访18 000个客户。"

这时老师又问他:"请问你现在有没有18 000个A类客户?"他说没有。"如果没有的话,就要靠陌生拜访。你平均一个人要谈上多长时间呢?"他说:"至少20分钟。"老师说:"每个人要谈20分钟,一天要谈50个人,也就是说你每天要花16个多小时在与客户交谈上,还不算路途时间。请问你能不能做到?"他说:"不能。老师,我懂了。这个目标不是凭空想象的,是需要凭着一个能达成的计划而定的。"

讨论问题:

老师和学生的这段对话从目标管理的角度说明了什么问题?

任务3.3 制定目标的原则

1) 明确性(Specific)

所谓明确性就是要用具体的语言清楚地说明要达成的行为标准。有的工作岗位,其标准很好量化,典型的就是销售人员的销售指标,做到了就是做到了,没有做到就是没有做到。而有的岗位,工作标准会不太好量化,如研发部门,但是,还是要尽量量化,可以有很多量化的方式。

明确的目标几乎是所有成功团队的一致特点。很多团队不成功的重要原因之一就因为目标定得模棱两可,或没有将目标有效地传达给相关成员。

比如说,将目标定为——"增强客户意识"。这种对目标的描述就很不明确,因为增强客户意识有许多具体做法,如减少客户投诉,过去客户投诉率是3%,现在把它减低到1.5%或者1%。提升服务的速度,使用规范礼貌的用语,采用规范的服务流程,也是客户意识的一个方面。有这么多增强客户意识的做法,我们所说的"增强客户意识"到底指哪一块?不明确就没有办法评判、衡量。所以建议这样修改:我们将在月底前把前台收银的速度提升至正常的标准,这个正常的标准可能是两分钟,也可能是一分钟,或分时段来确定标准。

实施要求:目标设置要有项目、衡量标准、达成措施、完成期限以及资源要求,使考核人能够很清晰地看到部门或科室月计划要做哪些事情,计划完成到什么样的程度。

2) 可衡量性(Measurable)

可衡量性就是指目标应该是明确的,而不是模糊的。应该有一组明确的数据,作为衡量是否达成目标的依据。

如果制定的目标没有办法衡量,就无法判断这个目标是否实现。比如领导有一天问:"这个目标离实现大概有多远?"团队成员的回答是"我们早实现了"。这就是领导和下属对团队目标所产生的一种分歧。原因就在于没有给他一个定量的可以衡量的分析数据。但并不是所有的目标都可以衡量,有时也会有例外,大方向性质的目标就难以衡量。例如,"为所有的老员工安排进一步的管理培训"。"进一步"是一个既不明确也不容易衡量的概念,到底指什么?是不是只要安排了培训,不管谁讲,也不管效果好坏都叫"进一步"?

改进一下,准确地说明:在什么时间完成对所有老员工关于某个主题的培训,并且在这个课程结束后,学员的评分在85分以上,低于85分就认为效果不理想,高于85分就是所期待的结果。这样目标变得可以衡量。

实施要求:目标的衡量标准遵循"能量化的量化,不能量化的质化",使制定人与考核人有一个统一的、标准的、清晰的可度量的标尺,杜绝在目标设置中使用形容词等概念模糊、无法衡量的描述。对于目标的可衡量性应该首先从数量、质量、成本、时间、上级或客户的满意程度五个方面来进行,如果仍不能进行衡量,其次可考虑将目标细化,细化成分目标后再从以上五个方面衡量,如果仍不能衡量,还可以将完成目标的工作进行流程化,通过流程化使目标可衡量。

3) 可实现性(Attainable)

目标是要让执行人实现、达到的,如果领导利用一些行政手段,利用权力的影响力一厢情愿地把自己所制定的目标强压给下属,下属典型的反应是心理和行为上的抗拒:

我可以接受,但是否完成这个目标,有没有最终的把握,这个可不好说。一旦有一天这个目标真完成不了的时候,下属有一百个理由可以推卸责任:你看我早就说了,这个目标肯定完成不了,但你坚持要压给我。

"控制式"的领导喜欢自己定目标,然后交给下属去完成,他们不在乎下属的意见和反应,这种做法越来越没有市场。今天员工的知识层次、学历、自己本身的素质以及他们主张的个性张扬的程度都远远超出从前。因此,领导者应该更多地吸纳下属来参与目标制定的过程,即便是团队整体的目标。定目标时先不要想达成的困难,不然热情还没点燃就先被畏惧给打消念头了。

如果让一个没有什么英语基础的初中毕业生,在一年内达到英语四级水平,这个就不太现实了,这样的目标是没有意义的;但是你让他在一年内把新概念一册拿下,就有达成的可能性,他努力地跳起来后能够到的果子,才是意义所在。

实施要求:目标设置要坚持员工参与、上下左右沟通,使拟定的工作目标在组织及个人之间达成一致。既要使工作内容饱满,也要具有可达性。可以制定出跳起来"摘桃"的目标,不能制定出跳起来"摘星星"的目标。

4) 相关性(Relevant)

目标的相关性是指实现此目标与其他目标的关联情况。如果实现了这个目标,但与其他的目标完全不相关,或者相关度很低,那这个目标即使被达到了,意义也不是很大。

因为毕竟工作目标的设定,是要和岗位职责相关联的,不能跑题。比如一个前台,你让她学点英语以便接电话的时候用得上,这时候提升英语水平和前台接电话的服务质量有关联,即学英语这一目标与提高前台工作水准这一目标直接相关。若你让她去学习 6a,就比较跑题了,因为前台学习 6sigma 这一目标与提高前台工作水准这一目标相关度很低。

5) 时限性(Time-based)

目标特性的时限性是指目标是有时间限制的。例如,"我"将在 2015 年 5 月 31 日之前完成某事。5 月 31 日就是一个确定的时间限制。没有时间限制的目标没有办法考核,或会带来考核的不公。上下级之间对目标轻重缓急的认识程度不同,上司着急,但下面不知道,到最后上司暴跳如雷,而下属觉得委屈。这种没有明确的时间限定的方式也会带来考核的不公正,伤害工作关系,伤害下属的工作热情。

实施要求:目标设置要具有时间限制,根据工作任务的权重、事情的轻重缓急,拟定出完成目标项目的时间要求,定期检查项目的完成进度,及时掌握项目进展的变化情况,以方便对下属进行及时的工作指导以及根据工作计划的异常情况及时地调整工作计划。

总之,无论是制定团队的工作目标,还是员工的绩效目标,都必须符合上述原则,五个原则缺一不可。制定的过程也是对部门或科室先期的工作掌控能力提升的过程,完成计划的过程也就是对自己现代化管理能力历练和实践的过程。

【案例讨论】

查德威克的失败

1952年7月4日清晨,美国加利福尼亚海岸笼罩在浓雾中。在海岸以西55.6千米的卡塔林纳岛上,一位54岁的妇女跃入太平洋海水中,开始向加州海岸游去。要是成功的话,她就是第一个游过这个海峡的妇女。

她叫弗罗伦丝·查德威克。在此之前,她是游过英吉利海峡的第一个妇女。在向加州海岸游去的过程中,海水冻得她全身发麻;雾很大,她连护送她的船都几乎看不到。时间一个小时一个小时地过去,千千万万人在电视上看着。有几次,鲨鱼靠近了她,幸而被人开枪吓跑了。她仍然在游着。

15个小时之后,她又累又冷,知道自己不能再游了,于是就叫人拉她上船。这时她的母亲和教练在另一条船上。他们都告诉她离海岸很近了,叫她不要放弃。但她朝加州海岸望去,除了浓雾什么也看不到。在继续坚持了几十分钟后,这时距她出发已是15个小时55分钟,人们把她拉上了船。在船上过了几个小时,她渐渐觉得暖和多了,却开始感到失败的打击。

她不假思索地对记者说:"说实在的,我不是为自己找借口。如果当时我能看见陆地,也许我能坚持下来。"

人们拉她上船的地点,离加州海岸不足一千米!查德威克一生中就只有这一次没坚持到底。两个月之后,在一个晴朗的日子,她成功地游过了同一个海峡。

讨论问题:

(1) 为什么查德威克第一次横渡卡塔林纳海峡失败了?

(2) 这个故事给你什么启示?

【项目小结】

本项目主要内容如图2-11所示。

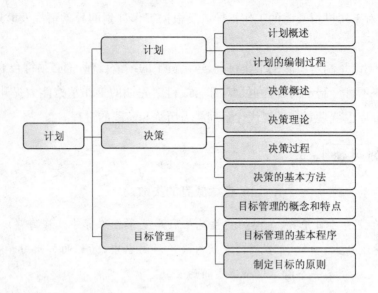

图 2-11 计划的内容

(1) 计划工作是指根据组织内外部的实际情况,权衡客观的需要和主观的可能,通过科学的预测,提出在未来一定时期内组织所需达到的具体目标以及实现目标的方法。

(2) 制订计划的步骤是机会分析、制定目标、考虑计划工作的前提、确定可供选择的方案、比较各种方案、制定派生计划及通过预算使计划数字化。

(3) 目标是一个组织根据其任务和目的确定在未来一定时期内所要达到的成果。

(4) 目标管理是以有效实现预定目标为中心进行管理的一种方法,组织的领导层根据组织的需要,确定未来一定时期内所要达到的总目标,然后再将总目标层层分解落实,并以此作为考核工作的依据。

(5) 决策是指为实现一定目标,从若干可行方案中选择一个合理方案并采取行动的分析判断过程。

(6) 决策方法很多,按性质可以分为定量决策方法和定性决策方法。按决策的条件可分为确定型决策法、风险型决策法和不确定型决策法。

【思考与练习】

(1) 什么是计划?制订计划的方法有哪些?谈谈你对计划的重要性的认识。

(2) 目标管理的实施过程有哪些?目标制定过程中应该遵循的原则有哪些?

(3)《孙子兵法》中说:"多算胜,少算不胜。"从管理角度看,"算"意味着什么?主要包括哪些内容?

(4) 某企业台钻生产能力为 20 000 台,全年固定费用 800 万元,单位产品变动费用 600 元,国内已订货 12 000 台,单价 1 300 元。现有国外订货 8 000 台,出价每台 1 000 元,可以接受这笔订货吗?保本点产量与保本点销售额是多少?

(5) 某企业准备生产一种新产品,对未来 5 年销售情况的预测结果是:出现高需求的概率为 0.3;中需求的概率为 0.5;低需求的概率为 0.2。企业提出两个可供选择的行动方案:新建车间,需投入 110 万元;扩建车间,需投入 50 万元。两个方案在不同自然状态下的收益值如下表 2-7 所示,试用决策树方法决策。

表 2-7 两方案在不同自然状态下的收益值　　　　　　单位:万元

方案	自然状态		
	高需求 $P=0.3$	中需求 $P=0.5$	低需求 $P=0.2$
新建(投入 110)	80	40	0
扩建(投入 50)	60	30	15

(6) 某企业在采用市场转移战略时,由于资料尚不充足,对这种产品在新市场上的需求量只能大致估计为四种情况:较高、一般、较低、很低,而对这四种自然状态下发生的概率无法预测。在采用市场转移战略时有五种备选方案,各方案的损益值情况如表 2-8 所示。试采用不同的方法对此不确定型决策问题进行方案选择。

表 2-8 五种方案收益值　　　　　　单位:万元

方案	较高	一般	较低	很低
A	600	400	−100	−350
B	850	420	−150	−400
C	300	200	50	−100
D	400	250	90	50
E	720	600	150	70

(7) 谈谈你的人生目标和计划。

项目 3

组 织

【学习目标】

☞ **知识目标**

掌握管理组织的结构形式,了解岗位设置的原则,理解各种组织结构的特点,掌握现代人力资源管理理论精髓。

☞ **能力目标**

能够判断组织的结构形式,运用管理组织理论初步设计组织结构;能够编写岗位说明书,进行人员招聘、培训及绩效考评。

☞ **素质目标**

通过案例讨论,具备初步的组织设置、岗位分析和人员配备等专业素质。

【导入案例】

刹车失灵的根源

某公司是一家集团公司,下辖 X 个子公司和 Y 个分工厂,其品牌和价格均具有市场竞争力,拥有不少新老用户。自从我国加入 WTO 以后,市场需求被进一步激发出来,订单源源不断,利润年年上升。

然而,天有不测风云。2014 年 2 月的一天,销售部经理突然接到某地区经销商打来的电话:"有个客户反映不久前购买的你们公司生产的小轿车刹车突然失灵,造成一死一伤。现在我最担心的是两个问题:肇事者会不会有要求你们赔偿的证据?贵公司其他的车会不会有类似问题?万一让其他客户知道了,那些还没有提货的小轿车、大客车肯定都会被退货的。"

放下电话,销售部经理立即报告总经理。

总经理立即通知全体中高层管理人员到会议室召开紧急会议。总经理说:"这次的刹车失灵事故,根源在哪里,我想听听各部门负责人的看法。"

质量检验部经理首先发言:"我们完全是按照标准的检验程序以及设计部给出的技术参数进行检验的,所有的检验记录都非常完善。我们随时可以接受检查。"

车间负责人接着发表了自己的看法:"生产部门完全是按照工艺要求和设计参数来进行加工、生产的,而且质量部的检验也完全合格。"

设计部经理坐不住了:"首先,我必须告诉大家的是所有产品都是经过无数测试、计算才投入生产的。无论是实验室测试,还是现场实地测试,我们都做得非常充分。"

销售部经理也不禁发发牢骚:"说不定驾驶员酒后驾驶、疲劳驾驶,遇到紧急情况,一脚踩上油门,反而诬陷我们刹车失灵。"

公关部经理说道:"竞争对手的诽谤不能不防。只要我们其他的刹车都没有问题,对外公关的事情我全权处理。但在没有确定最终的处理方法之前,希望所有人暂时停止传播这件事情。"

总经理:"时间紧迫。事故原因必须尽早查明,请销售部组织一个技术专家小组负责调查。如果确实是我们的刹车问题,不管责任在哪个部门,主要责任由我承担。对于外界,包括客户、经销商、媒体、竞争对手、交警、法院,请公关部统一口径。对于已售小轿车、大客车的处理和补救问题,请设计部设计一个两全其美的化险为夷的方案。对于没有销售的小轿车、大客车的刹车以及其他关键部位,请质量检验部立即加班加点,重新检验。发现问题,立即向我报告。"

讨论问题:

你认为各个部门相互推诿的原因何在?总经理的应对措施是否恰当?

任务1 组织的概念和类型

任务1.1 组织的概念

在管理学中,组织是指人们为了达到共同的目标,通过有层次的责、权、利分配结构,在分工合作的基础上构成的人的集合。

(1)《现代汉语词典》解释对组织的解释如下:

① (名词)按照一定的宗旨和系统建立起来的集体,如党团组织、工会组织,向组织汇报工作。

② (动词)安排分散的人或事物使具有一定的系统性或整体性,如组织人力,组织联欢晚会,这篇文章组织得很好。

③ (广义)机体中构成器官的单位,是由许多形态和功能相同的细胞按一定的方式结合而成的。人和高等动物体内有上皮组织、结缔组织、肌肉组织、神经组织等。

(2)《牛津英汉双解词典》解释:

① organization:组织、机构、系统、团体。

② organize:发动、安排、组成,使有体系。

③ organized:使有机化,使成有机体。

 讨 论

组织的构成

就某一个小型组织,如学校、商店、面包房等,画出其组织结构图,并说明其人员构成和组织指挥链。

任务1.2 组织的类型

1) 按组织的目标分类

(1) 互益组织:如工会、俱乐部、政党等。

(2) 工商组织：如工厂、商店、银行等。

(3) 服务组织：如医院、学校、社会机构等。

(4) 公益组织：如政府机构、研究机构、消防队等。

2）按满足心理需求分类

(1) 正式组织：正式组织是经过有计划的设计，将组织业务分配给各层次，由规则来支持职责，并强烈地反映出管理者的思想和信念。

正式组织具有以下特征：

① 经过规划而不是自发形成的。其组织机构的特征反映出一定的管理思想和信念。

② 有十分明确的组织目标。

③ 讲究效率，协调地处理人、财、物之间的关系，以最经济有效的方式达到目标。

④ 分配角色任务，明确关系层次。

⑤ 建立权威，组织赋予领导以正式的权力，下级必须服从上级。

⑥ 制定各种规章制度约束个人行为，实现组织的一致性

(2) 非正式组织：非正式组织是在满足需要的心理推动下，比较自然地形成的心理团体，其中蕴藏着浓厚的友谊与感情的因素。

非正式组织的特征如下：

① 组织的建立以人们之间具有共同的思想、相互喜爱、相互依赖为基础，是自发形成的。

② 组织最主要的作用是满足个人不同的需要。

③ 组织一经形成，会产生各种行为规范，约束个人的行为。这种规范可能与正式组织目标一致，也可能不一致，甚至发生抵触。

非正式组织对正式组织来讲，具有正反两方面的功能。

① 非正式组织的正面功能主要体现在：非正式组织混合在正式组织中，容易促进工作的完成；正式组织的管理者可以利用非正式组织来弥补成员间能力与成就的差异；可以通过非正式组织的关系与气氛获得组织的稳定；可以运用非正式组织作为正式组织的沟通工具；可以利用非正式组织来提高组织成员的士气；等等。

② 非正式组织的负面功能主要体现为可能阻碍组织目标的实现等等。

3）按个人与组织的关系分类

根据个人与组织的关系来分类，有两个标准，即运用权力与权威的程度、个人参与组织活动的程度。每类又可分为若干种。

以运用权力和权威的程度来分,可分成以下三种组织:

① 功利型组织:在运用合法权威过程中,同时实行经济和物质等功利报酬手段,如工商企业、农场等。

② 强制型组织:以强制权力来加以控制的组织,如监护性精神病院、监狱、管教所等。

③ 规范型组织:以内在价值及地位为报偿来加以控制的组织,如学校、医院、社会团体等。

以个人参与组织活动的程度来分,又可分成以下三种组织:①疏远型组织:这种组织个人与组织活动很少有共同之处,成员在心理上并不介入组织,而是在强制力量下成为组织成员。②精打细算型组织:参加工作的原则是以自身所得的代价而作出相当于代价的工作。③道德涵养型组织:自觉自愿完成组织的任务,积极参与组织活动,个人与组织目标一致。

4) 按组织规模分类

按照组织规模,可以分为大型组织、中型组织、小型组织。

5) 按社会职能分类

按照社会职能,可以分为政治组织、经济组织、文化组织、群众组织、宗教组织。政治组织,例如:立法会、行政院、政党、监狱、军队。经济组织,例如:工厂、商店、银行、保险公司。文化组织,例如:学校、研究院、艺术团体、图书馆、博物馆、新华书店、报刊出版社、影视电台。群众组织,例如:工会、共青团、妇女联合会。宗教组织,例如:佛教协会、基督教会、伊斯兰教会。

6) 按利益受惠分类

按照利益受惠,可以分为盈利组织、互益组织、公益组织、服务组织、慈善组织。

7) 按设计原则分类

按照设计的原则,可以分为机械型组织、有机型组织。

8) 按组织的归属分类

按照组织的归属,可以分为国内组织、国际组织。

当然,有的组织具有多种属性。例如,一家公司既可以是国内组织,又可以是盈利组织。另一家公司既可以是国际组织,又可以是经济组织。

由于篇幅所限,我们以下讨论的组织,仅限于管理学意义上的组织,是指人们为了达到共同的目标,通过有层次的责、权、利分配结构,在分工合作的基础上构成的人的集合。一般情况下,组织包括两个或两个以上的人,静态方面,指组织结构,即反映人、职位、任务以及它们之间的特定关系的网络;动态方面,指维持与变革组织结构,以完成组织目标的活动过程。因此,组织被视为管理的一种基本职能。

 案例讨论

办公室新来的年轻人

小张毕业于某大学行政管理专业。在校期间品学兼优,多次获得奖学金及"三好"学生、优秀团员称号,并光荣加入中国共产党。小张意气风发,决心要好好作出一番事业。于是,每天小张早早地来到办公室,扫地打水,上班期间更是积极主动承担各种工作任务,回家还钻研办公室业务。办公室原来是一个有五个人的大科室,包括主任甲,副主任乙,三位年纪较长的办事员A、B、C。几位老同志听说办公室要来这么一个年轻人,顾虑重重,他们认为现在的大学生从小娇惯,自命甚高,很难相处,而且业务又不熟,还需要他们手把手地教,来了他无异于来了一个累赘。令他们没有想到的是,这个年轻人热情开朗,待人谦虚,很容易相处。更重要的是,小张有行政学专业背景,再加上聪明好学,很快就熟悉了业务,成为工作的一把好手。而且小张很勤快,承担了办公室大量的工作,让几位老同志一下子减轻了许多压力。几位老同志渐渐喜欢上了这个年轻人,主任、副主任也经常在办公室会上表扬小张。

可是聪明的小张发现,随着主任表扬他的次数增多,几位老同志对自己越来越冷淡。有一次,他正忙着赶材料,B居然冷冷地对他说:"就你积极!"小张一时间丈二和尚摸不着头脑。一年很快就过去了,小张顺利转正。而办公室年终考核也被评为"优秀科室",并且在制定下一年度计划时,又增加了许多工作量。几位老同志本来因为小张的到来轻松了许多,这下子又忙起来。而且他们发现,虽然繁忙依旧,但是"名"却给夺走了,每次得到表扬的总是小张。小张更加被排斥了。随着小张被评为单位第一季度先进个人,A、B、C对小张的反感达到了顶点。从此,几位老同志再也不邀请小张参加任何一次集体活动,还在背后称小张是"工作狂"、"神经病","都这么大了还不谈恋爱,是不是身体有毛病"。话传到小张耳朵里,小张很伤心:"我这么拼命干不也是为办公室吗?要不是我,去年办公室能评上先进科室?怎么招来这么多怨恨?"他一直都不能理解。有一次,小张把自己的遭遇同另外一个部门的老王讲了。老王叹了口气,"枪打出头鸟,你还年轻,要学的还很多啊!"小张恍然大悟,正是自己的积极破坏了办公室原有的某些东西,让几位老同志倍感压力,才招来如今的境遇。从此,小张学"乖"了,主任不布置的任务,再也不过问了;一天能干完的事情至少要拖上两天甚至三天。办公室又恢复了平静与和谐,先进个人大家开始轮流坐庄,几位老同志见到小张的时候又客气起来了,集体活动也乐意邀请他。小张觉得,这样很轻闲,与大家的关系也好多了,心理压力骤减,生活也重新有了快乐。

讨论题:

(1) 小张有此遭遇的原因是什么?

(2) 组织应采取什么措施避免这种不良现象的发生?

任务 2 组织结构设计

任务 2.1 组织常见结构

组织结构(organizational structure)是指组织的全体成员为实现组织目标,在管理工作中进行分工协作,在职务范围、责任、权利方面所形成的结构体系。组织结构是组织在责、权、利等方面的制度体系,其本质是为实现组织战略目标而采取的一种分工协作关系,组织结构必须随着组织的重大战略调整而调整。

1) 直线制

如图 3-1 所示,这是一种最早也是最简单的组织形式。它的特点是企业各级行政单位从上到下实行垂直领导,下属部门只接受一个上级的指令,各级主管负责人对所属单位的一切问题负责。厂部不另设职能机构(可设职能人员协助主管人工作),一切管理职能基本上由行政主管自己执行。

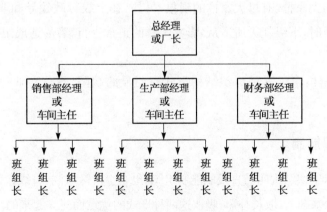

图 3-1 直线制组织结构图

(1) 优点:结构比较简单,责任分明,命令统一。

(2) 缺点:它要求行政负责人通晓多种知识和技能,亲自处理各种业务。

(3) 适用条件:适用于规模较小、生产技术比较简单的企业。

2) 职能制

各级行政单位除主管负责人外,还相应地设立一些职能机构。如图3-2所示,在厂长下面设立职能机构和人员,协助厂长从事工作。这种结构要求行政主管把相应的管理职责和权力交给相关的职能机构,各职能机构就有权在自己业务范围内向下级行政单位发号施令。因此,下级行政负责人除了接受上级行政主管人指挥外,还必须接受上级各职能机构的领导。

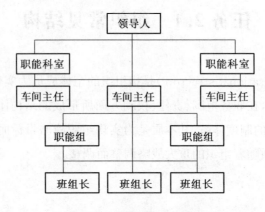

图3-2 职能制组织结构图

(1) 优点:能适应现代化生产技术比较复杂、管理工作比较精细的特点;能充分发挥职能机构的专业管理作用,减轻直线领导人员的工作负担。

(2) 缺点:它妨碍了必要的集中领导和统一指挥,形成了多头领导;在中间管理层往往会出现有功大家抢、有过大家推的现象;另外,在上级行政领导和职能机构的指导和命令发生矛盾时,下级就无所适从,影响工作的正常进行,容易造成纪律松弛,生产管理秩序混乱。

(3) 适用条件:由于这种组织结构形式有明显的缺陷,现代企业一般都不采用职能制。

3) 直线职能制

图3-3所示组织结构叫做直线职能制组织,也叫生产区域制、直线参谋制。它是在直线制和职能制的基础上,取长补短,吸取这两种形式的优点而建立起来的。现在绝大多数企业采用这种组织结构形式。这种组织结构形式是把企业管理机构和人员分为两类,一类是直线领导机构和人员,按命令统一原则对各级组织行使指挥权;另一类是职能机构和

人员,按专业化原则,从事组织的各项职能管理工作。直线领导机构和人员在自己的职责范围内有一定的决定权和对所属下级的指挥权,并对自己部门的工作负全部责任。而职能机构和人员则是直线指挥人员的参谋,不能对直接部门发号施令,只能进行业务指导。

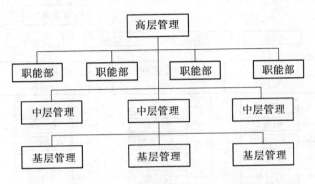

图 3-3 直线职能制组织结构图

(1) 优点:既保证集中统一,又可以在各级行政负责人的领导下,充分发挥各专业管理机构的作用。

(2) 缺点:职能部门之间的协作和配合性较差,职能部门的许多工作要直接向上层领导报告请示才能处理,这一方面加重了上层领导的工作负担;另一方面也造成办事效率低。为了克服这些缺点,可以设立各种综合委员会,或建立各种会议制度,协调沟通,帮助高层领导出谋划策。

(3) 适用条件:目前绝大多数组织采用这种组织模式。

4) 事业部制

事业部制结构图 3-4 所示。这最早是由美国通用汽车公司总裁斯隆于 1924 年提出的,故有"斯隆模型"之称,也叫"联邦分权化",是一种高度(层)集权下的分权管理体制。它适用于规模庞大、品种繁多、技术复杂的大型企业,是国外较大的联合公司所采用的一种组织形式。近几年中国一些大型企业集团或公司也引进了这种组织结构形式。它是分级管理、分级核算、自负盈亏的一种形式,即一个公司按地区或按产品类别分成若干个事业部,从产品的设计、原料采购、成本核算、产品制造,一直到产品销售,均由事业部及所属工厂负责,实行单独核算,独立经营。公司总部只保留人事决策、预算控制和监督大权,并通过利润等指标对事业部进行控制。也有的事业部只负责指挥和组织生产,不负责采购和销售,实行生产和供销分立,但这种事业部正在被产品事业部所取代。还有的事业部则按区域来划分。

(1) 优点:有利于发挥事业部的积极性、主动性,更好地适应市场;公司高层集中思考战略问题;有利于培养综合管理人员。

(2) 缺点:存在分权带来的不足,如指挥不灵,机构重叠;对管理者要求高。

(3) 适用条件:面对多个不同市场的大规模组织。

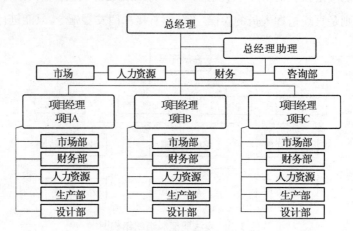

图 3-4　事业部制组织结构图

5) 矩阵制

在组织结构上,把既有按职能划分的垂直领导系统,又有按产品(项目)划分的横向领导关系的结构,称为矩阵制组织结构,如图 3-5 所示。

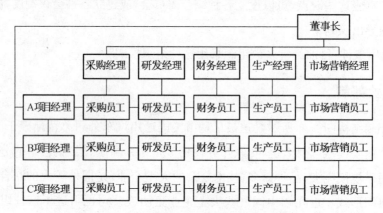

图 3-5　矩阵制组织结构图

矩阵制组织是为了改进直线职能制横向联系差、缺乏弹性的缺点而形成的一种组织形式。它的特点表现在围绕某项专门任务成立跨职能部门的专门机构,例如组成一个专门的产品(项目)小组去从事新产品开发工作,在研究、设计、试验、制造各个不同阶段,由有关部门派人参加,力图做到条块结合,以协调有关部门的活动,保证任务的完成。

(1) 优点:机动、灵活,可随项目的开发与结束进行组织或解散;由于这种结构是根据项目组织的,任务清楚、目的明确,各方面有专长的人都是有备而来。因此在新的工作小组里,能沟通、融合,能把自己的工作同整体工作联系在一起,为攻克难关、解决问题而献计献策。由于从各方面抽调来的人员有荣誉感、责任感,激发了工作热情,促进了项目的实现。它还加强了不同部门之间的配合和信息交流,克服了直线职能结构中各部门互相脱节的现象。

(2) 缺点:项目负责人的责任大于权力,因为参加项目的人员都来自不同部门,隶属关系仍在原单位,只是为"会战"而来,所以项目负责人对他们没有足够的激励手段与惩治手段,这种人员上的双重管理是矩阵结构的先天缺陷;由于项目组成人员来自各个职能部门,当任务完成以后,仍要回原单位,因而容易产生临时观念,对工作有一定影响。

(3) 适用条件:矩阵结构适用于一些重大攻关项目。企业可用来完成涉及面广的、临时性的、复杂的重大工程项目或管理改革任务。特别适用于以开发与试验为主的单位,例如科学研究,尤其是应用性研究单位等。

6) 委员会

这是组织结构中的一种特殊类型,它是执行某方面管理职能并以集体活动为主要特征的组织形式。实际中的委员会常与上述组织结构相结合,可以起决策、咨询、合作和协调作用。

(1) 优点:①可以集思广益;②利于集体审议与判断;③防止权力过分集中;④利于沟通与协调;⑤能够代表集体利益,容易获得群众信任;⑥促进管理人员成长等。

(2) 缺点:①责任分散;②议而不决;③决策成本高;④少数人专制等。

7) 多维立体

这种组织结构是事业部制与矩阵制组织结构的有机组合。多用于多种产品、跨地区经营的组织。

(1) 优点:对于众多产品生产机构,按专业、产品、地区划分;管理结构清晰,便于组织和管理。

(2) 缺点:机构庞大,管理成本增加,信息沟通困难。

8) 网络组织

网络组织又叫虚拟组织,可以根据千变万化的市场情况灵活组织。总公司执行关键职能,以市场为导向、以合同为纽带,把分支业务外包给其他组织,可以根据外界环境的变化调整合作伙伴。

9) 团队型组织

未来组织结构发展的趋势之一,就是企业内部组织团队化。一种是围绕核心业务的稳定的团队;另一种是解决专门的、重大问题的短期、临时的团队。两种团队都挑选优秀的素质高的员工组成,自主合作,完成领导交办的任务,实现组织共同的梦想。

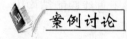

乐百氏公司的组织机构改革

乐百氏创立于1989年广东中山市小榄镇,何伯权等五个年轻人租用"乐百氏"商标开始创业。创业伊始,何伯权等与公司的每个员工都保持一种很深的交情,甚至同住同吃同玩,大家都感觉得到,乐百氏就是一个大家庭,"有福同享,有难同当",公司的凝聚力很强。这时采用直线职能制这种架构模式。

经过努力,五位创始人不但使乐百氏从一个投资不足百万的乡镇小企业发展成中国饮料工业龙头企业,而且把一个名不见经传的地方小品牌培育成中国驰名商标。然而,随着乐百氏的壮大,原来的组织结构显得有点力不从心。此时,何伯权不可能再与公司的每一个员工同吃同住,原来的领导方式发生了变化,起不到原有的作用。何伯权有些迷茫了。特别自2000年3月与法国最大的食品饮料集团达能签订合作协议,并由达能控股后,直线职能制的弊端更加暴露无遗。为了完成销售任务,分公司都喜欢把精力放在水和乳酸奶这些好卖的产品上,其他如茶饮料那些不太成熟的产品就没人下工夫,这对新产品的开发非常不利。更糟糕的是,由于生产部门只对质量和成本负责,销售部门只对销售额和费用负责,各部门都不承担利润责任,其结果就变成了整个集团只有何伯权一个人对利润负责。

从1989年创业到2001年8月,乐百氏一直都采取直线职能制,按产、供、销分成几大部门,再由全国各分公司负责销售。从2001年8月开始,乐百氏实施了产品事业部制。

讨论题:

(1) 为什么乐百氏的早期组织结构是有效的,而后来却不适应了?

(2) 结合本案例讨论各种组织结构的适用性及特点,是否存在一种完美无缺的组织结构?

任务2.2 组织设计的程序

组织设计是指对一个组织的结构进行规划、构造,或者重新规划、改造,确保组织目标的实现。在组织资源既定的前提下,优秀的组织设计,能实现绩效的最大化;在组织的内部条件和外部环境发生重大改变的时候,及时的组织结构变革,能让组织化险为夷,步步为营。

面临以下三种情况之一时,就需要组织设计:

(1)新建企业。

(2)原有组织结构出现较大的问题或企业的目标发生变化,原有组织结构需要进行重新评价和设计。

(3)组织结构需要进行局部的调整和完善。

这三种情况虽不相同,但组织设计的基本程序是一致的。组织设计的程序一般如下:

(1)根据企业的战略目标和特点,确定组织设计的方针、原则和主要参数。

(2)根据组织的业务,进行职能分析和设计,选择组织结构的基础模式,确定职能部门,确定管理职能及其结构,层层分解到各项管理业务和工作中。

(3)根据管理层次、部门、岗位及其责任、权力,分析子系统的目标功能、工作量,确定企业的组织结构框架图,拟定组织系统分析文件。

(4)根据组织结构框架,进行控制、信息交流、综合、协调等方式和制度的设计。

(5)根据最高领导层的总要求,设计具体的管理工作程序、员工工作标准,作为有关人员的行为规范。撰写组织说明书。

(6)根据结构设计,定质、定量地招聘、培训、配备各级管理人员、工作人员。

(7)根据最高领导层下达的指标,设计管理部门和人员绩效考核制度,设计精神鼓励和工资奖励制度,设计各级员工晋升制度。

(8)根据运行过程中的信息反馈和内外环境变化,定期或不定期地对上述各项设计进行必要的修正。

 **案例讨论**

甲、乙两厂生产管理流程如图 3-6 所示。

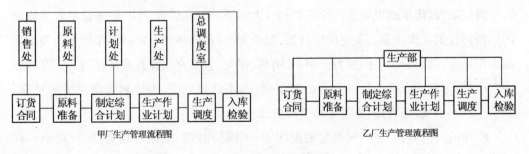

图 3-6 比较不同组织结构

讨论题:

(1)这两种组织结构各是什么结构?

(2)这两种组织结构各有什么特点?各能够达到什么样的管理目的?

任务3 分配岗位职权和职责

任务3.1 岗位职权与职责

1) 职权

岗位,原来是指守卫的处所,现在泛指职位。

职位,是指机关或者团体中执行一定职务的位置。

职权,是指为了实现组织的目标,在岗位、职位的基础上所具有的开展活动、指挥他人、运用财物等权力。

职权主要有以下三种形式:

(1) 直线型:是指公司内部授予的上级对下属行为和活动的指挥权、决定权。这些决定一旦下达,下属必须服从。

(2) 参谋型:例如咨询、建议。

(3) 职能型:根据高层授权,指挥、指导下级部门、人员。

岗位职权,简单地说就是岗位职责和权力的统一。在管理学中,职务就是职位规定的应该担任的工作任务。无论岗位高低、职位大小,都应该有一定的工作任务。为了完成工作任务,就要有相关的权力。例如,哨兵、保安、公安有权盘查有怀疑的人。有这样一个故事:苏联一个新入伍的年青的警卫战士,不认识列宁,不让列宁进克里姆林宫。列宁不但不生气,还表扬、提拔了这个战士。

同样的岗位名称,在不同类型的组织中、不同的时期、不同的场合,职权是不一样的。例如秘书,在一般的企业,也就是接电话、收发文件、接待外宾、上下联系、向领导汇报信息;在战争时期,军队高级机关的机要秘书,主要职权是服从上级命令,及时传递情报,严格保守秘密,有权制止无关人员进入机要重地;在党和国家领导人不便亲自到场的情况下,授权秘书,秘书可以在国内、国际许多重要活动中担任党和国家的形象大使。

2) 岗位职责举例

（1）人事专员岗位职责

① 负责公司招募工作的具体实施。

② 负责公司培训计划的具体实施、培训课程的准备工作和效果评估。

③ 担任新进员工培训部分课程的讲师。

④ 负责公司绩效考核工作的具体实施。

⑤ 负责员工活动的具体组织实施。

⑥ 其他临时人事事务的处理。

（2）财务总监岗位职责

① 根据公司的发展现状，全面负责管理集团及下属公司的财务和会计核算工作并给予财务、会计、税务咨询和指导；审核和监督所属企业的财务计划、现金流量计划报告和资金状况；操作公司融资和有关资本运作。

② 审核集团公司及所属企业各项财务报表的合规性并给予业务指导，进行所属企业的财务分析、最终决策和落实工作。

③ 就集团重大经营计划和投资项目提供财务分析并参与最终决策和落实。

④ 对集团公司重大经营性、投资性、融资性的计划和合同以及资产重组和债务重组方案进行审核。

⑤ 建立公司的风险管理机制及最佳运作管理，识别并提出应对经营风险、市场风险、信贷风险的建议和计划，建立财务预警系统。

⑥ 依法检查集团公司财务会计活动及相关业务活动的合法性、真实性和有效性，及时发现和制止可能造成出资者重大损失的经营行为，并向董事会报告。

（3）仓库保管员岗位职责

① 负责商品的分类、登记、入库、保管工作。

② 负责所管商品账物的核对。

③ 负责库存商品的安全，防止变质、虫蛀、污染等。

④ 随时向领导提供库存商品数量、结构变化情况。

⑤ 合理堆码商品，最大限度地利用仓库。

⑥ 及时反映商品收、存、付过程中发生的问题，并协助处理。

⑦ 负责保持商场库区干爽清洁。

⑧ 完成领导交办的其他工作。

岗位职责没有千篇一律的模式。在不同的组织，以上列举的三种岗位的职权，是千差万别的。有的事业单位的人事专员,要想录用一个人,至少要过三关:一是单位领导关;二是主管部门关;三是政府人事部门、编制部门的批准。有的民办单位的人事专员,不但有进人权,而且有权决定工资、奖金、提升。有的财务总监,既能监督财务科长和财会人员,又能监督总经理和董事会,还能监督分公司、合作方、金融机构;有的财务总监,徒有虚名,什么权都没有。有的仓库保管员,仓库里有黄金,有武器,有高新技术;有的仓库保管员是由看大门的老大爷兼任的,仓库里面主要存放散发苯的毒气的油漆、散发灰尘的水泥、散发腥膻霉味的食品、废旧物资,等等。

 案例讨论

谁拥有权力

王华明近来感到十分沮丧。由于其卓越的管理才华,他被公司委以重任,出任该公司下属的一家面临困境的企业的厂长。当时,公司总经理及董事会希望王华明能重新整顿企业,使其扭亏为盈,并保证王华明拥有完成这些工作所需的权力。考虑到王华明年轻,且肩负重任,公司还为他配备了一名高级顾问严高工(原厂主管生产的副厂长),为其出谋划策。然而,在担任厂长半年后,王华明开始怀疑自己能否控制住局势。他向办公室高主任抱怨道:"在我执行厂管理改革方案时,我要各部门制定明确的工作职责、目标和工作程序,而严高工却认为,管理固然重要,但眼下第一位的还是抓生产、开拓市场。更糟糕的是他原来手下的主管人员居然也持有类似的想法,结果这些经集体讨论的管理措施执行受阻。倒是那些生产方面的事情推行起来十分顺利。有时我感到在厂里发布的一些命令,就像石头扔进了水里,我只看见了波纹,随后,过不了多久,所有的事情又回到了发布命令以前的状态,什么都没改变。"

讨论题:

(1) 王华明和严高工的权力各来源于何处?

(2) 严高工在实际工作中行使的是什么权力?你认为,严高工作为顾问应该行使什么样的职权?

(3) 这家下属企业在管理中存在什么问题?如果你是公司总经理助理,请就案例中该企业存在的问题向总经理提出你的建议以改善现状。

任务3.2 集权与分权

集权主要是指决策权、人事权、财务权、物资权在组织系统中较高层次的一定程度的集中。

分权主要是指经营管理权、参政议政权、技术创新权、临时局部权在组织系统中各层次之间一定程度的分配。分权的途径很多:有的在组织设计中,明确规定条条块块、层层级级的权力;有的是主要领导人千头万绪抓根本,把次要的权力下放;有的是领导班子分工,一把手抓全面,其他领导重点负责一个或者几个方面;有的领导人出国、生病、休假,暂时分权;有的领导人志存高远,为了更加美好的明天,跳出事务圈子而分权。

集权和分权是相对的,绝对的集权或绝对的分权都是不可能的。

衡量一个组织的集权或分权的程度,主要有下列几项标准:

1) 决策的数量

组织中较低管理层次作出的决策数目越多,则分权的程度就越高;反之,高层决策数目越多,则集权程度越高。

2) 决策的范围

组织中较低管理层次决策的范围越广,涉及的职能越多,则分权程度越高;反之,高层决策的范围越广,涉及的职能越多,则集权程度越高。

3) 决策的重要性

如果组织中较低管理层次作出的决策越重要,影响面越广,则分权的程度越高;相反,如果下级作出的决策越次要,影响面越小,则集权程度越高。

4) 对决策控制的程度

组织中较低管理层次作出的决策,上级要求审核的程度越低,分权程度越高;如果上级对下级的决策根本不要求审核,分权的程度最大;如果作出决策之后必须立即向上级报告,分权的程度就小一些;如果必须请示上级之后才能作出决策,分权的程度就更小。下级在作决策时需要请示或照会的人越少,其分权程度就越大。

 案例讨论

杯酒释兵权

宋太祖即位后,接受赵普建议,解除武将兵权,以免重蹈晚唐五代灭亡之覆辙。建隆二年(961)七月初九日晚朝时,宋太祖把石守信、高怀德等禁军高级将领留下来喝酒,当酒兴正浓的时候,宋太祖突然屏退侍从,叹了一口气,给他们讲了一番自己的苦衷,说:"我若不是靠你们出力,是到不了这个地位的,为此我从内心念及你们的功德。但做皇帝也太艰难了,还不如做节度使快乐,我整个夜晚都不敢安枕而卧啊!"石守信等人惊骇地忙问其故,宋太祖继续说:"这不难知道,我这个皇帝位谁不想要呢?"石守信等人听了知道这话中有话,连忙叩头说:"陛下何出此言,现在天命已定,谁还敢有异心呢?"宋太祖说:"不然,你们虽然无异心,然而你们部下想要富贵,一旦把黄袍加在你的身上,你即使不想当皇帝,到时也身不由己了。"

一席话,软中带硬,使这些将领知道已经受到猜疑,弄不好还会引来杀身之祸。恳请宋太祖给他们指明一条"可生之途"。宋太祖缓缓说道:"人生在世,像白驹过隙那样短促,所以要得到富贵的人,不过是想多聚金钱,多多娱乐,使子孙后代免于贫乏而已。你们不如释去兵权,到地方去,多置良田美宅,为子孙立永远不可动的产业。同时多买些歌儿舞女,日夜饮酒相欢,以终天年,朕同你们再结为婚姻,君臣之间,两无猜疑,上下相安,这样不是很好吗!"石守信等人见宋太祖已把话讲得很明白,再无回旋余地。当时宋太祖已牢牢控制着中央禁军,几个将领别无他法,只得俯首听命,表示感谢太祖恩德。第二天,石守信、高怀德、王审琦、张令铎、赵彦徽等上表声称自己有病,纷纷要求解除兵权,宋太祖欣然同意,让他们罢去禁军职务,到地方任节度使。在解除石守信等宿将的兵权后,太祖另选一些资历浅、个人威望不高、容易控制的人担任禁军将领,同时将禁军所领兵权分而为三,这就意味着皇权对军队控制的加强。以后宋太祖还兑现了与禁军高级将领联姻的诺言,把守寡的妹妹嫁给高怀德,后来又把女儿嫁给石守信和王审琦的儿子。张令铎的女儿则嫁给太祖三弟赵光美。这就是历史上著名的"杯酒释兵权"。

讨论题:

请参考以上案例讨论集权与分权各有什么优缺点。

任务3.3 授　　权

授权指主管将职权或职责授给某位或某些部属,并委托其负责管理性或事务性工作。授权是一门管理的艺术。充分合理的授权能使管理者们不必事事躬亲,从而把更多的时间和精力投入到企业发展上,引领下属更好地运营企业。

授权是组织运作的关键,它是以人为对象,将完成某项工作所必需的权力授给部属人员。即主管将处理用人、用钱、做事、交涉、协调等决策权移转给部属,不只授予权力,且还托付完成该项工作的必要责任。

1) 授权的必要性

管理的最终目标在于提高经营绩效。许多管理思想的发展,均针对效率的提高。

近一百多年的管理研究与实践,可归纳出管理的两大原则:专门化与人性化。现今管理绩效的追求必须同时兼顾此两种原则。企业除了应奉行专门化的原则外,还要设法注入人性论的技巧,才能使经营效率达到满意状态。

管理者在进行决策、运用资源及协调工作上,最重要的是要有授权与目标管理的观念,有授权的观念才可符合专门化与人性论的两大原则。

在目标管理中,授权的必要性具体表现如下:

(1) 授权是完成目标责任的基础:权力随着责任者,用权是尽责的需要,权责对应或权责统一,才能保证责任者有效地实现目标。

(2) 授权是调动部属积极性的需要:目标管理对人的激励,是通过激发人员的动机,将人们的行为引向目标来实现的。目标是激发这种动机的诱因,而权力是条件。

(3) 授权是提高部属能力的途径:目标管理是一种能力开发,这主要是通过目标管理过程中的自我控制、自主管理实现的。实行自我控制与自我管理,目标责任者必须有一定的自主权。运用权限自主决定,将促使目标责任者对全盘工作进行总体规划,改变靠上级指令行事的局面,有利于能力发挥并不断提高。

(4) 授权是增强应变能力的条件:现代管理内外环境情况复杂多变,要求管理组织系统要有很强的适应性,很强的应变能力。而实现这一点的重要条件就是各级管理者手中要有自主权。

2) 授权的原则

授权的基本依据是目标责任,要根据责任者承担的目标责任的大小授予一定的权力。在授权时还要遵循以下一些原则:

(1) 相近原则:这有两层意思:给直接的下级授权,不要越级授权;应把权力授予最接近做出目标决策和执行的人员,一旦发生问题,可立即做出反应。

(2) 授要原则:授给下级的权力应该是下级在实现目标中最需要的、比较重要的权力,能够解决实质性问题。

(3) 明责授权:授权要以责任为前提,授权同时要明确其职责,使下级明确自己的责任范围和权限范围。

(4) 动态原则:针对下级的不同环境条件、不同的目标责任及不同的时间,应该授予不同的权力。贯彻动态原则体现了从实际需要出发授权,具体可采取:

① 单项授权:即只授予决策或处理某一问题的权力,问题解决后,权力立即收回。

② 条件授权:即只在某一特定环境条件下,授予下级某种权力。环境条件改变了,权限也应随之改变。

③ 定时授权:即授予下级的某种权力有一定的时间期限,到期权力自然收回。

3) 授权的优点

（1）部属可增加参与解决问题的动机及满足感。

（2）授权可以减轻主管的工作负担。

（3）主管可以主要从事重要性管理或例外管理。

（4）授权可以训练部属，使其具有独当一面之工作能力。

（5）授权培养组织成员的竞争能力。

（6）授权使部属对达成任务负责，使主管免于鞭长莫及。

（7）主管可以增加管理幅度，减少组织层次，增进组织沟通效率。

4) 授权的缺点

（1）授权通常需要密集且昂贵的素质训练。

（2）需要较复杂的计划及报告程序，使流向主管的信息增加，而造成工作负担。

（3）授权无异于将自己的权力及影响力削减，以后可能很难再收回来，结果衍生出不少后遗症。

 案例讨论

事必躬亲

在《三国演义》里，司马懿领军在五丈原与诸葛亮对峙时，曾询问过汉军使者诸葛亮的生活作息规律，使者如实说诸葛亮事必躬亲，"仗十下以上必然亲自过问""每日食量甚小"时，司马懿说"诸葛亮事必躬亲，积劳难返，将死矣"。

讨论题：

假如诸葛亮多授权部下，那么可能会出现哪些结果？

任务4 管理幅度与管理层次设计

任务4.1 管理幅度与管理层次的概念

管理幅度,又叫管理宽度,是指在一个组织结构中,一个管理人员所能直接指挥或有效控制的部属数目。这个数目是有限的,当超这个限度时,管理的效率就会随之下降,就应当增加一个层次。

管理层次,又叫组织层次,就是从组织的最高一级到最基层的层级数,也就是在职权等级链上所设置的管理职位的级数。一个职位等级就是一个管理层次。组织规模小,一个管理者可以直接管理每一位作业人员的活动,这时组织就只存在一个管理层次。而当规模的扩大导致管理工作量超出了一个人所能承担的范围时,为了保证组织的正常运转,管理者就必须委托他人来分担自己的一部分管理工作,这使管理层次增加到两个层次。随着组织规模的进一步扩大,受托者又不得不进而委托其他的人来分担自己的工作,依此类推,而形成组织的等级或层次性管理结构。

案例讨论

多多益善

有一次,刘邦与韩信谈论各位将领的能力,韩信回答说各有差异。刘邦又问韩信:"依你看来,像我这样的人能带多少人马?"韩信答道:"陛下能带十万人马。"刘邦再问道:"那么你呢?"韩信不客气地说:"臣多多而益善耳(我是越多越好)!"刘邦于是笑道:"你既然如此善于带兵,怎么被我逮住了呢?"韩信沉吟半晌才说:"您虽然带兵的能力不如我,可是您有管将的能力啊。这就是我被陛下所擒的原因。"

讨论问题:
(1) 刘邦的管理幅度是多少?
(2) 刘邦为什么能够一统天下?

任务 4.2　管理幅度与管理层次的关系

幅度宽则层次少,幅度窄则层次多。具体说,在组织规模已定的条件下,管理幅度与管理层次成反比:主管直接控制的下属越多,管理层次越少;相反,管理幅度减小,则管理层次增加。

管理层次与管理幅度的反比关系决定了两种基本的管理组织结构形态:扁平结构形态和锥型结构形态。

1) 扁平结构

这是指组织规模一定、管理幅度较大、管理层次较少的一种组织结构形态。这种形态的优点是:由于层次少,信息的传递速度快,从而可以使高层尽快地发现信息所反映的问题,并及时采取相应的纠偏措施;同时,由于信息传递经过的层次少,传递过程中失真的可能性也较小;此外,较大的管理幅度,使主管人员对下属不可能控制得过多过死,从而有利于下属主动性和首创精神的发挥。但是过大的管理幅度,也会带来一些局限性,比如:主管不能对每位下属进行充分、有效的指导和监督;每个主管从较多的下属那儿取得信息,众多的信息量可能淹没了其中最重要、最有价值者,从而可能影响信息的及时利用等。

2) 锥形结构

这是管理幅度较小,而管理层次较多的高、尖、细的金字塔形态。其优点与局限性正好与扁平结构相反:较小的管理幅度可以使每位主管仔细地研究从每个下属那儿得到的有限信息,并对每个下属进行详尽的指导。

但过多的管理层次有如下缺点:

(1) 不仅影响了信息从基层传递到高层的速度,而且由于经过的层次太多,每次传递都被各层主管加进了许多自己的理解和认识,从而可能使信息在传递过程中失真。

(2) 可能使各层主管感到自己在组织中的地位相对渺小,从而影响积极性的发挥。

(3) 往往容易使计划的控制工作复杂化。

(4) 组织设计要综合两种基本组织结构形态的优势,克服它们的局限性。

 案例讨论

管理层次多好还是少好

原 MCI 电信公司总裁麦高文经常向员工表达这种观点:每一个员工包括高级管理

人员都不要为了工作而相互制造更多的工作。恰恰相反,他会鼓励每一个人对于每一个工作岗位及每个管理层次提出质疑,看看它是不是真的需要设立。例如,两个管理层次是否可以合并,每个职务的价值是否超过它的费用,这个职位的存在是否是在制造不需要的工作,而不是对生产有益。如果回答为"是",那就合并或精简它。

麦高文认为,公司每增加一个管理层次,就把处在最底层的人员与处在最高层的人员之间的交流又人为地隔开了一层,而精简管理层次,公司上下沟通会更顺畅、快捷、有效,每个人都在努力地做最有价值的工作,因此,整个公司变得富有生气和积极性,工作效率会大大提高。

讨论题:

施伦伯格公司总裁说,只要安排得当,5个层次的管理比15个层次的管理更好。你认为呢? 为什么?

任务 4.3　管理幅度与管理层次的设计

组织结构设计,包括纵向结构设计和横向结构设计两个方面。纵向结构设计即管理层次设计,就是确定从企业最高一级到最低一级管理组织之间应设置多少等级,每一个组织等级即为一个管理层次。横向结构设计包括管理幅度设计和组织部门设计,就是首先通过找出限制管理幅度设计的因素,来确定上级领导人能够直接有效管理的下属的数量;同时,把相同级别的分工成为平行的部门。例如,一个单位的高层是董事会和总经理,中层划分为人力资源部、财务部、生产部、销售部、研发部等。这里的中层部门设计,就是一种横向组织设计。

设定管理幅度要考虑的要素有以下几个方面:

1) 人员素质

主管或部属能力强、学历高、经验丰富者,可以加大控制;下属员工素质高、自觉性高,可以多管几个。

2) 沟通渠道

公司目标、决策制度、命令可迅速而有效地传达者,主管可加大控制。

3) 职务内容

工作性质单纯、标准化者,可加大控制层面。

4）幕僚运用

利用幕僚机构作为沟通协调者，可扩大控制层面。

5）追踪控制

具有良好、客观、现代化的监控追踪执行工具，则可扩大控制层。

6）组织文化

具有团结协作风气与良好的制度文化背景的公司可加大控制。

7）所辖地域

地域近可增加幅度，地域远则应减少幅度。

8）所处层次

高层次幅度宜窄，基层可以稍宽。管理层次亦称管理层级，是指组织的纵向等级结构和层级数目。管理层次是以人类劳动的垂直分工和权力的等级属性为基础的。不同的行政组织其管理层次的多寡不同，但多数可以分为上、中、下三级或高、中、低、基层四级。前者如通用的部、局、处三级建制，后者如国务院、省政府、县政府、乡政府。但无论哪一种层次组建方式，其上下之间都有比较明确和严格的统属关系，都是自上而下的金字塔结构。

任务 5　岗位人员安排

任务 5.1　岗位分析

岗位分析是通过系统全面的信息收集手段,对组织各类岗位的性质、任务、职责、劳动条件和环境以及员工承担本岗位任务应具备的资格条件所进行的系统分析与研究,并形成岗位说明书和岗位规范。

1) 岗位分析要解决的六个重要问题

(1) 工作的内容是什么(what)?
(2) 由谁来完成(who)?
(3) 什么时候完成工作(when)?
(4) 在哪里完成(where)?
(5) 怎样完成此项工作(how)?
(6) 为什么要完成此项工作(why)?

2) 岗位分析进行的时机

(1) 缺乏明确、完善的书面职位说明,员工对职位的职责和要求不清楚。
(2) 虽然有书面的职位说明,但工作说明书所描述的员工从事某项工作的具体内容和完成该工作所需具备的各项知识、技能和能力与实际情况不符,很难遵照它去执行。
(3) 经常出现推诿扯皮、职责不清或决策困难的现象。
(4) 当需要招聘新员工时,发现很难确定用人的标准。
(5) 当需要对在职人员进行培训时,发现很难确定培训的需求。
(6) 当需要建立新的薪酬体系时,无法评估职位价值。
(7) 当需要对员工进行绩效考核时,发现没有考核的标准。

(8) 新技术的出现,导致工作流程变革和调整。

3) 岗位说明书

岗位分析的直接目的是编写岗位说明书,即通过岗位分析,经过面谈、问卷、深入现场调查等方法,收集与岗位相关的信息,在汇总、处理后,整理成书面形式的文件。岗位说明书主要由岗位描述与岗位规范构成。岗位描述指与工作内容有关的信息,包括职务概况、岗位工作目标、岗位工作特点、岗位工作关联等。岗位规范写明了岗位的任职资格,例如,胜任该岗位的人员应该是本科生还是专科生,应该有几年相关工作经验,所具备的专业知识和技能是什么。岗位说明书的格式没有明确的规定,企业可以根据自身情况设定,但是岗位说明书的内容建立在岗位调查的基础上,不经过调查就不可能得到岗位工作的全面信息。

4) 岗位调查的主要方法

(1) 实践法:在亲身实践中了解工作的实际任务以及该工作对人的体力、环境、社会等方面的要求;观察、记录、核实工作负荷与工作条件,观察、记录、分析工作方法,找出不合理之处。

实践法适用于短期内可以学会的工作。而对于需要大量训练才能掌握或有危险的工作,如飞行员、脑外科医生、战地记者等,不宜采用此法。

(2) 访谈法:个别访谈(individual interview)、集体访谈(group interview)、主管访谈(supervisor interview)都可采用,注意以下访谈的技巧:

① 所提问题和职务分析的目的有关。
② 职务分析人员语言表达要清楚、含义准确。
③ 所提问题必须清晰、明确,不能太含蓄。
④ 所提问题和谈话内容不能超出被谈话人的知识和信息范围。
⑤ 所提问题和谈话内容不能引起被谈话人的不满或涉及被谈话人的隐私,预先准备访谈提纲
⑥ 与主管密切配合,找到最了解工作内容、最能客观描述工作职责的员工。
⑦ 尽快与被访谈者建立融洽的谈话氛围,知道对方姓名,明确访谈目的及选择对方的原因。
⑧ 访谈中应该避免使用生僻的专业词汇。
⑨ 访谈者应能接受、理解信息。
⑩ 就工作问题与员工有不同意见,不要与员工争论。
⑪ 员工对组织或主管有抱怨,也不要介入。

⑫ 不要流露出对某一岗位薪酬的特殊兴趣。

⑬ 不要对工作方法与组织的改进提出任何批评与建议。

⑭ 请员工将工作活动与职责按照时间顺序或重要程度顺序排列,这样能够避免一些重要的事情被忽略。

⑮ 访谈结束后,将收集到的信息请任职者和主管阅读,签字或盖章。

(3) 问卷调查

① 优点

a. 能够从众多员工处迅速得到信息,节省时间和人力,费用低;

b. 员工填写工作信息的时间较为宽裕,不会影响工作时间,适用于在短时间内对大量人员进行调查的情形;

c. 结构化问卷所得到的结果可由计算机处理。

② 缺点

a. 问卷的设计需要花费时间、人力和物力,费用较高;

b. 单向沟通方式,所提问题可能有部分不为员工理解;

c. 有的填写者不认真填写,影响调查的质量。

(4) 观察法:被观察者的工作应相对稳定、工作场所也应相对固定,这样便于观察。观察法适用于大量标准化的、周期较短的以体力为主的工作,如组装线装配工,而不适用于脑力活动为主的工作,如律师、工程设计等。观察者不要引起被观察者的注意,也不要干扰被观察者的工作。但是,有些岗位最好不要偷偷观察。曾有一个军官,深夜起来小解,顺便想看看哨兵站岗情况。他蹑手蹑脚地从黑暗中走过去,不小心发出了声音。那个哨兵是个新兵,胆子小,本来就战战兢兢的,忽然听见声音,又发现黑暗中一个鬼鬼祟祟的人影,"砰"的一枪,正中军官心脏,造成了悲剧。对于不能通过观察法得到的信息,应辅以其他形式,如访谈法来获得。观察前要有详细的观察提纲。可以采用瞬间观察,也可以定时观察。

(5) 日志法:日志法若运用得好,能获得大量的、更为准确的信息。前期直接成本小。缺点是收集信息可能较凌乱,整理工作复杂,加大员工工作的负担,也存在夸大自己工作重要性的倾向。

(6) 关键事件法:即收集、整理导致某工作成功或失败的典型、重要的行为特征或事件。

5) 岗位分析举例

(1) 软件工程师:软件工程师的收入比较高。近年来,有的科技公司为争夺人才已经到不计成本的地步,本科毕业就能年收入 10 万,还有令人艳羡的培训。据说,在移动通信领域,资深的软件工程师非常稀缺,连公司CEO都要给几分颜面,非但被重点保护防止被猎走,而且老总也常常来嘘寒问暖。

唯一不足的是,软件工程师有点吃"青春饭"的味道。技术创新的浪潮一波接一波,借着年轻正当红时,还未红透,就"廉颇老矣"。

(2)机械工程师:尽管中国的制造业多被描述为低收入、高强度,但是机械工程师却是制造业中的"高富帅",体现了制造业中的高端水平和精华。近年来无论是重工、电气还是汽车制造行业都保持了高速发展,此间的企业营业收入非常惊人,对机械工程师的需求大,且企业非常舍得投入。制造业一百多年来在人才管理和培养上的积淀,使得机械工程师成为行业和企业中的精英。

(3)设计师:设计师是创造美丽和适用、把艺术与商业结合在一起的人。无论建筑设计、艺术设计、平面设计、展览设计、工业设计等领域,在这个越来越眼球化的时代,设计所能带来的经济效益越来越高。设计师的工作压力自然不小,但是工作本身带来的乐趣和成就感更具吸引力。由于设计工作更依赖个人的技能和头脑,应用范围非常广泛,就业面宽,雇主对其的仰仗常常超过他们对雇主的依赖。设计师不仅收入高,工作环境比较舒适有趣,工作时间多变不固定,而且资历越高越"值钱"。

(4)销售总监:很多年轻人不愿意做销售,辛苦、委屈而且在业绩压力下过日子。不过忍耐一段时日,做到销售总监则是另外一番光景了。销售业务是所有公司的"重地"之一,公司高管多出自销售总监,销售总监的高薪厚禄自不必说,光是整天忙着定战略、建班子、带队伍,既坐镇中军运筹帷幄,又下基层体察民情,就会感觉到自己的"伟大"。虽然销售总监总是喜欢抱怨"时间紧,任务重",但是握着公司最优质的资源,靠着各部门的积极配合、服务,创造出的收入利润又养着公司上下,这份工作的地位和成就感就非同一般。话说回来,这份工作压力的确不小,也很有风险,一旦形势不佳,也常常成为"罪人",首先被雇主请走。

(5)财务经理:如果要论最稳定、抗风险的职业,财务经理一定位列其中。通常企业老总一手抓销售一手抓财务,所以财务经理绝对是企业的一大支柱。如果求职者志向高远,想越过财务经理直线向总裁汇报,那么就需要一张含金量高的资格证书,而且最好在上市公司,争取参与到"战略性"的决策,这样的发展之路就是财务总监、CFO、总会计师、主管财务的副总裁等职位;如果安于财务经理,那么做个财务部门的负责人,制定并监督财务方面的管理制度,给出财务分析报告亦可。

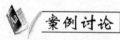

约翰·戴威森的岗位职责是什么

约翰·戴威森今年52岁,原是一个技术型专家,担任埃德诺公司下属的一个大分公司的总经理助理。由于总经理经常忙于其他工作而不在公司,戴威森的工作包括在总经理不在时代理总经理行使处理公司日常业务的职权。戴威森的桌子上经常堆满大量的各式文件等他处理。由于他是一个非常严密和谨慎的人,回到家里也经常要继续工作。他认为自己原本是一个技术型专家,所以当销售部门的某一人员就公司客户的技术问题向他咨询时,他总是有求必应,而这个人员也确实从向戴威森的咨询中受益匪浅;由于缺乏专业经验,他经常要向戴威森请教问题。不久,戴威森干脆直接和客户接触处理某些技术问题,他认为这是最能表现他专业才能的领域。其结果,公司客户不再与销售部门接触,而是直接和他保持联系。由于工作的高技术性质,戴威森习惯于亲笔起草各种报告和信件,很少把这些工作交给秘书去做。他的工作十分细致,认真检查每一个细节,并加以仔细修正,因此需要大量的纸张。在一个星期五的下午,当他计划利用周末继续工作时,被告之已经没有纸张了。戴威森找到负责文具供应的管理人员并斥责了他一顿,要求这个管理人员今后要大批量地进货以确保再不出现类似的情况。尽管这位管理人员对此事感到十分委屈,但考虑到今后的工作将会由复杂转变为简单,也就心平气和了。时间没过多久,戴威森就感到自己过于劳累而难以支持,他向上级提出为其安排一名助手。但他的要求遭到了拒绝,原因是上级认为公司岗位设置中不需要这样一名助手。戴威森只好接受这一事实,并考虑今后如何充分利用自己的休假来从事这些干不完的工作。

讨论题:

(1) 上级公司为什么不给戴威森安排一名助手?他的问题在哪里?

(2) 你可以从案例中得到什么启示?

任务5.2　招聘与甄选

　　招聘也叫"找人"、"招人"、"招新",就是某主体为实现目标或完成某个任务,而进行的吸引、寻找、选择符合组织需要的人的活动。招聘主体有法人,比如政党、企事业单位、机关、团体;也有自然人,比如家庭、个体老板。招聘,一般由主体、载体及对象构成。主体就是用人者,载体是信息的传播体,对象则是符合标准的候选人。三者缺一不可。

　　载体种类较多,口碑或纸片,简单、经济;广播、电视、报纸、杂志等,高级但费用昂贵;随着科技发达,思想进步,将互联网作为载体的趋势正逐渐兴盛。

　　员工招聘,简称招聘,是"招募"与"聘用"的总称,为组织中空缺的职位寻找到合适人选。甄选,是指采取科学的人员测评方法选择具有资格的人来填补职位空缺的过程。

甄选就是甄别选择，在考察、审查的基础上进行选择。人员甄选是指通过运用一定的工具和手段对招募到的求职者进行鉴别和考察，区分他们的道德品质、人格特点与知识技能水平，预测他们的未来工作绩效，从而最终挑选出组织所需要的、填补恰当空缺职位的活动。这一阶段的工作直接决定组织最后所雇用人员的状况，会对组织的经济和战略产生重大影响，因而是招聘过程中最重要的决策阶段。同时，这一阶段也是技术性最强的一步，需要采用多种测评方法，帮助组织公平客观地作出正确决策。目前我国劳动力市场的供求状况对用人方而言是有利的。在刊登的招聘广告中只要注明基本上说得过去的薪资，再加上一些合适的福利保障，就会有络绎不绝的应聘者登门来访；打开电脑，应聘的 E-mail 差不多要塞满整个邮箱。如何在充分供应的应聘者人选当中寻找出适合企业发展的人才，成为人力资源工作者面临的挑战性难题。

要准确地理解人员甄选的含义，还需要把握以下三点：

（1）甄选应包括两方面的工作：一是评价应聘者的知识、技能和个性；二是预测应聘者未来在组织中的绩效。对应聘者绩效的准确预期对组织而言是最为关键性的事情。

（2）甄选要以空缺职位所要求的任职资格条件为依据来进行，组织所需要的是最合适的人，并不一定是最优秀的人。

（3）甄选应当由人力资源部门和直线部门共同完成，最终的录用决策应当由直线部门作出。理想的录用决策应当同时满足两个要求：既没有录用不符合要求的人员，又没有遗漏符合要求的人员。

1）甄选的原则

有效的甄选系统应遵从以下原则：

（1）标准化：要保证每位参加选拔录用程序的应聘者都经历同样数量和类型的选择测试和面试。

（2）有效排列：将那些比较复杂、费用较高的程序，如与组织高层面谈、体检等放在最后，使这些程序只用于那些最有可能被录取的应聘者。

（3）提供明确的决策点：所谓决策点是指那些能明确做出淘汰或保留的关键性内容，如体检结果，笔试成绩等。这些决策点应当是对岗位和组织而言意义重大的内容。

（4）充分提供应聘者是否胜任空缺职位的信息：不仅要保证不遗漏空缺职位的工作内容，而且还要保证能从应聘者那里收集到与决策有关的充足信息。

（5）突出应聘者背景情况的重要方面，应能按照需要多次核实和检查最重要的情况。

2) 甄选的主要步骤

与招募相比,人员的甄选无论是对组织还是对人力资源的其他工作产生的影响更为直接、更为关键,必须详细周密地做出安排。整个甄选过程的每个步骤都应该有一个关键决策点,应聘者如果达不到该决策点的要求就要被淘汰,只有通过该决策点的应聘者才能继续参加下面的选拔。在选拔与录用的这些步骤中,测试与面试是比较复杂和关键性的步骤。

(1) 筛选申请材料:对求职人员申请表及个人简历的评价是招聘录用系统的重要组成部分。在求职者众多、面试成本压力大的情况下,企业往往将申请表和简历的筛选作为人员选择的第一步,从中剔除大量不合要求的人员,然后安排进一步的筛选。

(2) 笔试:笔试是让应试者在试卷上笔答事先拟好的试题,然后由评估人员根据应试者解答的正确程度予以评定成绩的一种测试方法。这种方法可以有效地测量应试者的基本知识、专业知识、管理知识、相关知识以及综合分析能力、文字表达能力等素质,目前在我国组织人员的招聘过程中被广泛应用。专业笔试比较适合于作为初步筛选的工具。

(3) 面试:面试是一种在特定的场景下,经过精心设计,采取通过主考官与应试者双方面对面地观察、交谈等双向沟通方式,了解应聘者的素质特征、能力状况及求职动机等的人员挑选方法。面试是企业最常用的测试手段。有研究提出,面试是一种有效的甄选工具。

① 面试的特点:面试的特点主要表现在以下方面。

a. 直观性:俗话说"眼见为实",招聘人员通过与应聘者面对面地交谈、观察,可以获得关于求职者的最真实信息。

b. 全面性:面试是一种综合性的考试,在很短的时间内可以获得关于求职者的口头表达能力、为人处世能力、操作能力、独立处理问题的能力以及仪表、气质风度、兴趣爱好、脾气秉性、道德品质等全方位的信息。

c. 目标性:面试过程中可以通过对求职者操作技能的直接考察,克服笔试过程中出现的"高分低能"现象,并可以根据不同的求职对象有针对性地提出问题,对主试感兴趣的某方面内容做深入、灵活、详细的考察,从而提高人员选拔的有效性。

d. 主观性:面试最大的缺陷在于主观性。由于对应聘者的考察主要依赖于主考官的主观判断,所以招聘人员本身的经验、爱好和价值观等内容都会影响到面试的结果,同时对考生的社会赞许倾向和表演行为难于防范和识别。如何克服面试活动中出现的偏差,使面试活动更为科学、客观和正确,成为招聘设计工作的重要目标之一。

结构化面试,也称标准化面试,是相对于传统的经验型面试而言的,是指按照事先制定好的面试提纲上的问题——发问,并按照标准格式记下面试者的回答和对他的评价的一种面试方式。

② 面试技巧:面试时间通常控制在 20 分钟以内,在如此短暂的时间里要给各位考官留下良好的印象,考生需要掌握以下几个方面的技巧:

a. 谦逊有礼的态度:考生从进入面试考场到面试完毕都要礼貌待人,给考官留下良好印象。进入考场时,考生应主动向考官问好,但礼貌地表达要适度,过于拘谨,会显得紧张或不自信;过于夸张则会显得言不由衷,都会影响考官对应试者的看法。

b. 正确有效的倾听:优秀的谈话者都是优秀的倾听者。虽然面试中发问的是考官,考生的答话时间比问、听的时间多,考生还是必须要做好倾听者的角色。因为考官讲话时留心听,是起码的礼貌,考官刚发问就抢着回答,或打断考官的话,都是无礼的表现,会令考官觉得你不尊重他。

c. 冷静客观的回答:面试的主要内容是"问"和"答",在面试中,考官往往是千方百计"设卡",以提高考试的难度,鉴别单位真正需要的人才。

在具体面试时,考生若遇到不熟悉或根本不懂的问题时,一定要保持镇静,不要不懂装懂,牵强附会,最明智的选择就是坦率承认自己不懂,这样反而能得到考官的谅解。

面试中,考生也会遇到一些过于宽泛的问题,以致不知从何答起,或对问题的意思不甚明白。此时,考生决不能"想当然"地去理解考官所提的问题而贸然回答,一定要采取恰当的方式搞清楚,请求考官谅解并给予更加具体的提示。

d. 合理控制时间:超时是严重的"犯规"(考官通常不会允许),时间剩余太多则会显得回答不充分,因此要科学部署时间。通常每个问题的时间在 5 分钟以内,最好的时间分配是,准备作答控制在 1 分钟以内,回答 3 分钟左右。当然,具体的时间分配还要根据每个题目的要求来定,例如在考试中可能出现如下试题:"请作一自我介绍,时间 1 分钟""请以'奋斗'为题作一 5 分钟的演讲""请介绍一下你自己,时间 3 分钟"。

俗话说:"勤能补拙是良训,一分辛苦一分才。"考生要想取得面试的成功,就要从现在开始扎扎实实地学习,不断积累各个方面的知识,提高自身的综合素质和能力。

e. 增进交流,把握言语技巧:结构化面试实际上也是考生和考官面对面的交流,所以在回答考官问题时,说话得体非常关键。

案例讨论

远翔公司中层岗位为何总是缺人

远翔精密机械公司(简称远翔公司),在最近几年招募中层管理职位上不断遇到困难。该公司是制造销售复杂机器的公司,目前重组成六个半自动制造部门。公司的高层管理层相信这些部门的经理有必要了解生产线和生产过程,因为许多管理决策需在此基础上作出。传统上,公司一贯是严格地从内部选拔人员。但不久就发现提拔到中层管理职位的基层员工缺乏相应的适应新职责的技能。因此,公司决定改为从外部招聘,尤其是招聘那些企业管理专业的好学生。通过一个职业招募机构,公司得到了许多有良好训练的工商管理专业候选人,他们录用了一些,并先放在基层管理职位上,以便为今后提为中层管理人员做准备。不料在两年之内,所有这些人都离开了公司。公司只好又回到以前的政策,从内部提拔;但又碰到了与过去同样的素质欠佳的问题。不久将有几个重要的职位的中层管理人员退休,他们的空缺亟待称职的继任者。

讨论题:
(1) 这家公司在选拔和招募方面存在问题吗?为什么?
(2) 如果你是咨询专家,你会有哪些建议?

任务 5.3 员 工 培 训

员工培训是指组织为了完成当前的工作任务和实现长远的奋斗目标,采用各种方式对部分或全体员工进行有目的、有计划、有重点的培养和训练的管理活动。成功的培训可以使员工更新知识,开拓技能,改进动机、态度和行为,增强团队凝聚力,适应新的形势和任务的要求,更好地胜任现职工作或担负更高级别的职位,从而促进组织效率的提高和组织目标的实现。

1) 按培训内容划分

员工培训按内容来划分,可以分为两种:员工技能培训和员工素质培训。
(1) 员工技能培训:是企业针对岗位的需求,对员工进行的岗位能力培训。
(2) 员工素质培训:是企业为提高员工素质而进行的培训,主要有心理素质、个人工作态度、工作习惯等的素质培训。

2) 按培训主体划分

(1) 新进人员的培训:目的为新员工提供正确的、相关的公司及工作岗位信息,鼓舞新员工的士气;让新员工了解公司所能提供给他的相关工作情况及公司对他的期望;让新员工了解公司历史、政策、企业文化,提供讨论的平台;减少新员工初进公司时的紧张情绪,使其更快适应公司;让新员工感受到公司对他的欢迎,让新员工体会到归属感;使新员工明白自己工作的职责、加强同事之间的关系;培养新员工解决问题的能力及提供寻求帮助的方法。

(2) 在职培训：目的主要在于提高员工的工作效率，以更好地协调公司的运作及发展。

(3) 专题培训：目的在于根据公司发展需要或者部门岗位需要，组织部分或全部员工进行某一主题的培训工作。

RB 制造公司质量管理培训

RB 制造公司是一家位于华中某省的皮鞋制造公司，拥有将近 400 名工人。大约在一年前，公司失去了两个较大的主顾，因为他们对产品过多的缺陷表示不满。RB 公司领导研究了这个问题之后，一致认为：公司的基本工程技术方面还是很可靠的，问题出在生产线上的工人、质量检查员以及管理部门的疏忽大意、缺乏质量管理意识。于是公司决定通过开设一套质量管理课程来解决这个问题。质量管理课程的授课时间被安排在工作时间之后，每个周五晚上 7:00~9:00，历时 10 周。公司不付给来听课的员工额外的薪水，员工可以自愿听课，但是公司的主管表示，如果一名员工积极地参加培训，那么这个事实将被记录到他的个人档案里，以后在涉及加薪或提职的问题时，公司将会予以考虑。课程由质量监控部门的李工程师主讲，主要包括各种讲座，有时还会放映有关质量管理的录像片，并进行一些专题讨论。内容包括质量管理的必要性、影响质量的客观条件、质量检验标准、检验的程序和方法、质量统计方法、抽样检查以及程序控制等内容。公司里所有对此感兴趣的员工，包括监管人员，都可以去听课。课程刚开始时，听课人数平均 60 人左右。在课程快要结束时，听课人数已经下降到 30 人左右。而且，因为课程是安排在周五晚上，所以听课的人都显得心不在焉，有一部分离家远的人员课听到一半就提前回家了。在总结这一课程培训的时候，人力资源部经理评论说："李工程师的课讲得不错，内容充实，知识系统，而且他很幽默，使得培训引人入胜，听课人数的减少并不是他的过错。"

讨论题：

(1) RB 公司的培训在组织和管理上有哪些不合适的地方？

(2) 如果你是 RB 公司的人力资源部经理，你会怎样安排这个培训项目？

任务 5.4 绩 效 考 评

绩效，主要是指员工的劳动成绩和工作效果。在实际管理中，领导者评价下属的绩效,主要看两个方面:一方面看劳动态度、工作表现、思想品德;另一方面看劳动能力、工作业绩、发展潜力。

绩效考评,是指考评者对照工作目标或绩效标准,采用一定的考评方法,评定员工的工作任务完成情况、员工的工作职责履行程度和员工的发展情况,并将上述评定结果反馈给员工的过程。绩效考评是绩效考核和评价的总称。

经常运用的绩效考评方法有以下几种:

1) 自评

自评即被考评人的自我考评,考评结果一般不计入考评成绩,但它的作用十分重要。自评是被考评人对自己的主观认识,它往往与客观的考评结果有所差别。考评人通过自评结果,可以了解被考评人的真实想法,为考评沟通做准备。另外,在自评结果中,考评人可能还会发现一些自己忽略的事情,这有利于更客观地进行考评。

2) 互评

互评是员工之间相互考评的考评方式。互评适合于主观性评价,比如"工作态度"部分的考评。互评的优点在于:首先,员工之间能够比较真实地了解相互的工作态度,并且由多人同时评价,往往能更加准确地反映客观情况,防止主观性误差。互评在人数较多的情况下比较适用,比如人数多于5人。另外,在互评时不署名,在公布结果时不公布互评细节,都可以减少员工之间的相互猜疑。

3) 上级考评

在上级考评时,考评人是被考评人的管理者,多数情况下是被考评人的直接上级。上级考评适合于考评"重要工作"和"日常工作"部分。

4) 360 度反馈(360° Feedback)

360 度反馈(360° Feedback)也称全视角反馈,是被考评人的上级、同级、下级和服务的客户等对他进行评价,通过评论知晓各方面的意见,清楚自己的长处和短处,来达到提高自己的目的。360 度绩效反馈评价有利于克服单一评价的局限,但应主要用于能力开发。

5) 等级评估法

等级评估法是绩效考评中常用的一种方法。根据工作分析,将被考评岗位的工作内容划分为相互独立的几个模块,在每个模块中用明确的语言描述完成该模块工作需要达到的工作标准。同时,将标准分为几个等级选项,如"优、良、合格、不合格"等,考评人根据被考评人的实际工作表现,对每个模块的完成情况进行评估。总成绩便为该员工的考评成绩。

6) 目标考评法

目标考评法是根据被考评人完成工作目标的情况来进行考核的一种绩效考评方式。在开始工作之前,考评人和被考评人应该对需要完成的工作内容、时间期限、考评的标准达成一致。在时间期限结束时,考评人根据被考评人的工作状况及原先制定的考评标准来进行考评。目标考评法适合于企业中实行目标管理的项目。

7) 序列比较法

序列比较法是对相同职务员工进行考核的一种方法。在考评之前,首先要确定考评的模块,但是不确定要达到的工作标准。将相同职务的所有员工在同一考评模块中进行比较,根据他们的工作状况排列顺序,工作较好的排名在前,工作较差的排名在后。最后,将每位员工几个模块的排序数字相加,就是该员工的考评结果。总数越小,绩效考评成绩越好。

8) 相对比较法

与序列比较法相仿,它也是对相同职务员工进行考核的一种方法。所不同的是,它是对员工两两进行比较,任意两位员工都要进行一次比较。两名员工比较之后,工作较好的员工记"1",工作较差的员工记"0"。所有的员工相互比较完毕后,将每个人的成绩进行相加,总数越大,绩效考评的成绩越好。与序列比较法相比,相对比较法每次比较的员工不宜过多,范围在5~10名即可。

9) 重要事件法

考评人在平时注意收集被考评人的"重要事件",这里的"重要事件"是指被考评人的优秀表现和不良表现,对这些表现要形成书面记录。对普通的工作行为则不必进行记录。根据这些书面记录进行整理和分析,最终形成考评结果。

实践中,可以根据需要选择一种考评方法,也可以综合运用多种方法。

 案例讨论

G 主管对下属人员的绩效考评

G是某企业生产部门的主管,今天他终于费尽心思地完成了对下属人员的绩效考评并准备把考评表格交给人力资源部。绩效考评的表格表明了工作的数量和质量以及合作态度等情况,表中的每一个特性都分为五等:优秀、良好、一般、及格和不及格。所有的职工都完成了本职工作。除了S和L,大部分还顺利完成了G交给的额外工作。考虑到L和S是新员工,他们两人的额外工作量又偏多,G给所有的员工的工作量都打了优秀。X曾经对G做出的一个决定表示过不同意见,在合作态度一栏,X被计为一般,因为意见分歧只是工作方式方面的问题,所以G没有在表格的评价栏上做记录。另,D家庭比较困难,G就有意识地提高了对他的评价,他想通过这种方式让D多拿绩效工资,把帮助落实到实处。此外,C的工作质量不好,也就是达到合格,但为了避免难堪,G把他的评价提到了一般。这样,员工的评价分布于优秀、良好、一般,就没有及格和不及格了。G觉得这样做,可以使员工不至于因发现绩效考评低而不满;同时,上级考评时,自己的下级工作做得好,那么自己的绩效考评成绩也差不了。

讨论问题:

(1) 案例中暴露出什么问题?

(2) 对案例出现的问题给出你的解决方案。

任务6 组织创新

任务6.1 组织形式创新

组织形式不是一成不变的。丰富多彩的生活、日新月异的时代,要求组织形式在继承传统的基础上不断创新。以公司的组织形式为例,已经有多种形式,日后还会有更多形式出现。

常见的公司的组织形式有以下几种:

1) 工业公司

工业公司是从事工业生产或从事工业性劳务活动的公司。工业公司经营的范围可以是原材料工业或加工工业等,它在国民经济中占据重要的地位,也是公司中最为广泛的一种组织形式。

2) 商业公司

商业公司就是从事商品流通和商品服务活动的公司。商业公司本身从事的商业活动有两类,一类是批发性的公司;另一类是零售性的公司。也可以两者相结合。

3) 金融公司

金融公司是从事与金融活动有关业务的公司。金融公司以货币的流通为主要特点,主要包括从事各种证券活动,债权、债务活动及银行业务活动等。

4) 工商公司

工商公司是工业部门和商业部门对产品的生产和销售进行联合经营而组织成立的公司。

5）工贸公司

工贸公司是工业部门和对外贸易部门联合经营产品的生产和进出口业务而组织的公司。

6）农工商联合公司

农工商联合公司是在现代农业的基础上，把农业生产同农产品的加工、运输、销售及农用生产资料的生产和供应联成一个整体，实行供、产、销综合经营，农、工、商协调发展而组织的公司。

7）技术开发公司

技术开发公司是从事应用科学的研究，并把研究成果投放市场，以便迅速形成生产力的公司。这种公司的特点是拥有众多的工程技术人员及技术专家，通过他们之间的合作能够在较短的时间内开发新产品，突破某些传统领域，促进生产技术水平的提高。

8）信托公司

信托公司是凭信用接受他人委托经营或从事代办业务的公司。从事这种经济活动的公司是随着社会分工的发达和商品经济的发展产生的，人们之间的信用关系由原来的无偿变为有偿，进而逐渐成为一些人谋利的职业。它从事的业务范围对团体来说包括代发证券、股票，代办投资，业务咨询等；对个人来说包括代管财产、保管有价证券、贵重物品等。

9）投资公司

投资公司是本身自有资本投资于各种有价证券，旨在从证券股息或分红以及买卖各种证券中获得利润的公司。

10）咨询公司

咨询公司是以脑力劳动为主的服务型公司，它根据委托者的意向和要求，以自己的专门知识和经验向委托者提供建议，或者提供具体服务，并由此向委托者收取咨询费。

现实中有各种各样的公司，如母公司、子公司、跨国公司、国有公司、合资公司、合作公司、股份公司、绿色蔬菜公司、汽车运输公司、经营承包、特种兵、海军陆战队、青年突击队、长寿村、反恐统一战线、联合国维持和平部队、WTO、欧洲经济共同体、上海合作组织、乒乓球协会、红十字会、海上学院、圆梦小组，等等，举不胜举。

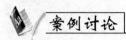

不养猪的"猪肉大王"

陈生十多年前倒腾过白酒和房地产,打造了"天地壹号"苹果醋,在悄悄进入养猪行业后被人称为广州千万富翁级的"猪肉大王"。能在养猪行业里很短时间就取得骄人成绩,成为拥有数千名员工的集团的董事长,还在于陈生大学毕业后放弃了自己在政府中让人羡慕的公务员职务毅然下海,积累了几次创业的"实战经验":卖过菜,卖过白酒,卖过房子,卖过饮料。他卖白酒时,根本没有能力投资数千万设立厂房,可是他直接从农户那里收购散装米酒。通过广大的农民帮他生产,产能却可以达到投资 5 000 万的工厂的数倍。此后,他才开始利用积累起来的资金租用厂房和设施,打造自己的品牌"天地壹号"苹果醋,迅速地进入和占领市场后,又推出了绿色环保猪肉"壹号土猪",开始经营自己的品牌猪肉。虽然走的还是"公司+农户合作"的路子,但针对学生、部队等不同人群,却能够选择不同的农户,提出不同的饲养要求。比如,为部队定制的猪可肥一点,学生吃的可瘦一点,为精英人士定制的肉猪,据传每天吃中草药甚至冬虫夏草,使公司的生猪产品质量与普通猪肉"和而不同"。在这样的"精细化营销"战略下,陈生终于在很短的时间内打响了"壹号土猪"品牌,在不到两年的时间里在广州开设了近 100 家猪肉连锁店,营业额达到 2 个亿,成为广州知名的"猪肉大王"。

讨论题:

陈生创办的企业组织结构是什么样子的?

任务 6.2　组织能力创新

团队建设主要是通过自我管理的小组形式进行,每个小组由一组员工组成,负责一个完整工作过程或其中一部分工作。工作小组成员在一起工作以改进他们的操作或产品,计划和控制他们的工作并处理日常问题。他们甚至可以参与公司更广范围内的问题处理。

团队精神就是大局意识、协作精神和服务精神的集中体现。团队精神的基础是尊重个人的兴趣和成就。核心是协同合作,最高境界是全体成员的向心力、凝聚力优化组合。团队成员的技能是相互补充的,把不同知识、技能和经验的人综合在一起,形成角色互补,从而达到整个团队的有效组合。

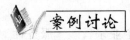

案例讨论

斯特利达公司的运作

仅仅依靠两个人,斯迪特曼和本奈特是如何做到经营整个公司,并且在全世界销售几千辆高技术折叠自行车的?他们是通过虚拟网络,将设计、制造、顾客服务、后期、财务等几乎所有的事情外包给其他机构去完成的。

斯迪特曼是一个自行车迷,当他和朋友本奈特买下了不景气的英国斯特利达公司后,开始着手经营自行车业务。当时,斯特利达公司的麻烦在于,每单的订货数量很少,但质量要求却很高。两个人很快就明白了症结所在。折叠自行车是一件很聪明的设想,但是对于制造商来说却是一场噩梦。斯迪特曼和本奈特立即将产品设计和新产品开发交给美国的一家自行车设计公司,而打算将自行车的制造仍然放在英国伯明翰的工厂里进行。但是来自意大利的一个大订单迫使他们改变了做法。最终他们将所有的制造工作都交给了中国台湾省的明环公司,而明环公司所需要的原材料来自于台湾本地制造,或从中国内地购买。

最后,这个谜底的最后一部分是:将剩下的工作,从营销到分销承包给伯明翰的一家公司去完成,而斯迪特曼和本奈特则集中精力来管理这个协作网络,让它运转灵活顺畅。

讨论题:

斯特利达是如何通过资源整合来提升企业的经营能力的?

任务6.3 组织文化创新

组织文化,在企业界又叫企业文化(Corporate Culture 或 Organizational Culture),是一个组织由其价值观、信念、仪式、符号、处事方式等组成的其特有的文化形象。

企业文化是企业的核心价值观、业务流程、管理体系乃至创新与变革能力等的具体象征,更与身为企业灵魂人物的企业主、CEO的个人魅力及领导能力相辅相成,借此达到推动企业成长的目的。

企业文化是企业为解决生存和发展的问题而树立形成的,被组织成员认为有效而共享,并共同遵循的基本信念和认知。企业文化集中体现了一个企业经营管理的核心主张。

一个组织、一个企业的文化可以丰富多彩。人们通常关注组织文化的闪光点。举

例如下:

(1) 雅戈尔理念:"装点人生、服务社会,穿出更潇洒的你"。企业宗旨——服务社会、贡献社会、装点人生、创造人生。六大经营原则——竞争原则、盈利原则、用户至上原则、产品质量原则、创新原则、优化服务原则。

(2) 京都陶瓷的企业伦理和管理之道:"敬天爱人。"

(3) "人才是企业的生命",是三洋公司前社长井植薰坚持了60余年的一条管理准则。

(4) GE:"掌握自己的命运"(美国通用电气公司简称CE)。

(5) 希尔顿的宾至如归:"你今天对客人微笑了没有?"

(6) 摩托罗拉:"肯定个人尊严。"

(7) IBM的三个必须:必须尊重个人,必须尽可能给予顾客最好的服务,必须追求优异的工作表现。

(8) 微积:创新是贯穿微软经营全过程的核心精神。

(9) 松下七条精神:产业报国的精神、光明正大的精神、团结一致的精神、奋斗向上的精神、礼仪谦让的精神、适应形势的精神、感恩报德的精神。

(10) 娃哈哈"面对强手、不断冲击"。娃哈哈形象口号:励精图治,艰苦奋斗,勇于开拓,自强不息,尊重职工,爱护职工,公司上下亲如一家,视厂为家、厂兴我荣。

(11) "金利来领带,男人的世界。"

万丈高楼平地起。在实践中运用以上的组织理论,宜一步一个脚印,从微小的事情做起。

案例讨论

组织创新,强化机制

从最初何享健带领23位居民筹集相当于600美元的资金创办街道小厂,到现在总资产约11亿美元的大型企业集团,美的公司的确堪称为一个传奇。现为集团董事局主席、总裁的何享健认为,在建立现代企业制度方面的不懈努力和勇于创新是美的保持活力、超越危机的关键。

"不改就是死路一条!"

何享健这样描述自己:"我的性格一是直视现实;二是不屈服于前进中的困难。我对事物的规律是有一定思考能力和判断能力的。出的问题有多大,如何解决,我的头脑很清醒,这是实践中锻炼出来的胆识。"

美的发展历史上两个决定性的事件可以印证他的话。

一是1993年的股票上市。1992年,顺德市悄悄进行股份制改革,美的当时还是一个不起眼的小厂。何享健独具危机意识，主动提出进行股份制试点，成为顺德最早改制的6家企业。由于改制较早，美的在中国股市开始公开交易后成为顺德6家企业中唯一的上市公司，也是中国第一家上市的乡镇企业。美的由一个乡镇企业转变为规范化的公众企业。

二是1997年的事业部制改革。美的当初和中国众多乡镇企业和民营企业一样，是直线式管理。总裁既抓销售又抓生产。在乡镇企业早期，这种集权式管理发挥了"船小掉头快"的优势。企业规模大了，生产仍由总部统一管理和统一销售，造成产品生产与销售脱节。因此，他选择了事业部制。这样，公司总部从琐事管理中解放出来，进行总体战略决策，控制各事业部首脑任免的人事权、规模额度和投资额度。以总部的销售部为例，它并不参与各个产品的具体销售，只负责美的整体形象的推广和全国各地销售网的协调，总部只负责派出商务代表，协调各省销售利益矛盾。

"放权怕什么！"

在直线职能部制中，企业决策权、指挥权、资源调配权属于直线领导，集权成为该模式的主要特征。由于高度集权，企业总经理将相当多的精力放在经营管理上，企业系统的长远战略规划薄弱。同时，中层管理人员在直线职能模式中既不负责企业政策的制定，又不负责政策的执行，只起"上传下达"的作用，既影响了他们的积极性，也容易造成企业决策灵敏性的降低，极容易出现由于决策失误导致系统瘫痪。

组织行为学认为，在处理人的积极性和惰性之间的关系时，整体的他律和局部的自律是一个较好的办法。具体到公司管理上，应该是原则问题上的集权与具体事务上的分权相结合。但讲求高度集权、严密控制是中国固有的一种文化传统。何享健已经认识到分权是主流，他在不断尝试和调整什么样的权要"集"，什么样的权要"分"。

现在已经广为人知的十六字诀"集权有道、分权有序、授权有章、用权有度"就是何享健对美的推行事业部制的原则的总结。他认为在集中关键权力的同时，要有程序、有步骤地考虑放权。对于授权给什么人，这个人具体拥有什么权力，操作范围有多大，流程是什么样的，都应该有章可循。这种对于权力的制衡既能防止权力过度集中，又杜绝放权后的权利滥用和失控。

事实上，美的集团总部设立的资源管理中心牢牢控制了集团的资产，对利润和资金进行集中管理。投资权力的下放并不等于削弱集团的投资调控能力。事业部虽有自己独立的投资权，但每一年事业部都要提前上报投资规划，由集团企划投资部根据一年的投资规划统一安排。企划投资部的负责人说："我们是把项目当做产业来投的，而不是风险投资，所以要谨慎。一旦选准，我们就会集中投入。"

何享健敢于分权，也是基于对自身条件的审慎考虑。他认为，企业分权需要具备一些必要的条件：一是要有一支高素质的经理人队伍，能够独立担当重任；二是企业的文化氛围的认同;三是企业原有的制度比较健全、规范;四是监督机制非常强势。他说:"具备了这些条件,就不用怕分权。能走得到哪里去呢?总会有限度的。"

"改革到深入就是产权!"

"激励与约束"是企业做大后无法回避的问题。对于中国家电业曾经风云一时、而今陷入经营困境的几家同行的问题,何享健认为没有解决产权问题是主要原因。他说,如果企业的前途不是和自己的利益休戚相关,领导者就很可能为了追求一时的风光盲目决策,经营过程充满短期行为。成功了,他可以成为明星;失败了,大不了换一个地方接着干,损失再大反正是国家背起来。

何享健在解决产权问题上的努力始于1998年,当时他提出了员工持股的构想,年底时在两个企业进行了试点,取得满意效果后,1999年开始大面积推广,2000年除合资企业外,全部实行了管理层持股。员工自身利益与企业的发展挂上了钩。

但是以上手段没有从根本上解决产权问题。美的当时除了在中国A股市场上市筹集资金外,并没有其他的国际融资渠道。美的要想持续发展必须借助国际资本市场。而在海外投资者看来,完善的公司治理结构是一个必要的条件。何享健在财务顾问的建议下,开始注意"MBO(Management Buy Outs)"。

MBO的核心内容是企业的管理层利用借债方式融资购买公司股份。在现代公司制企业中,因所有权和经营权的分离而产生了股东与经理层之间的代理关系,又由于二者之间信息的不对称而产生了代理成本问题,如何有效降低这种代理成本,实际上100多年来一直是西方各国普遍研究的课题,并且在实践中总结了一系列解决方案,而MBO即是诸多方案中被普遍看好的一种。

实行MBO以后,经理层因控股地位而必然有足够的动力使公司的控制权格局得到合理有效的安排,同时经理层的激励机制问题也迎刃而解。

经过紧张、迂回的行动,由美的集团管理层和工会共同出资组建的美托投资公司于2000年初成立。2001年1月19日粤美的(深证股市交易代码:0527)公告,代表政府的第一大股东顺德市美的控股有限公司将其所持部分粤美的法人股转让给代表管理层持股的第三大股东顺德市美托投资有限公司,所转让的股份占粤美的股本总额的14.94%。股份转让后,由政府控股的控股公司退居为粤美的第三大股东;美托投资公司持股比例为22.19%,成为粤美的第一大股东。美的方面称,此举是美的一次意义重大的产权改革。

讨论题:

(1) 阐述美的公司几次关键性的组织创新。

(2) 试讨论制度创新与人性化管理的关系。

【项目小结】

从宏观上看,宇宙是一个庞大的组织;从微观上看,人体是一个奇妙的系统。从管理学的角度看,组织,静态是指人们为了达到共同的目标,通过有层次的责、权、利分配结构,在分工合作的基础上组成的人的集合;动态是指在组织高层的统一指挥下,不同级别、不同岗位的人,在各自责权范围内,按照组织的共同目标所采取的既有分工又有合作的行动。组织结构,既要相对稳定,又要随机应变。岗位的职责制定和权利分配,是一门科学,也是一种艺术。管理幅度的宽窄、管理层次的多少,视组织规模、工作内容、人员素质等多种因素而定。岗位人员安排具有战略性、策略性、技术性。关键的岗位,必须有优秀的员工、真诚的招聘、严格的培训。组织的创新,必须审时度势、高瞻远瞩,既独立思考,又集思广益。增强自己的组织能力宜循序渐进、脚踏实地。学以致用,把学到的组织理论运用于求职,宜从基层干起;运用于创业,宜从小微企业干起。

【思考与练习】

（1）以北斗七星的排列组合为例,谈谈宇宙的组织结构

（2）什么叫做组织？你认为人类社会什么时候开始有组织的？

（3）目前社会上常见的组织结构有哪些？请你设计一种与众不同的组织结构并且说明适用范围。

（4）目前,中国人民解放军的陆军的组织结构一般是：一个班 12 人,一个排 3 个班,一个连 3 个排,然后营、团、旅、师、军。假定你担任总司令,下辖 3 个军,请概括说明管理幅度和管理层次。

（5）如果你即将大学毕业的时候,有一家优秀的跨国公司通知你三天以后面试,你必须做好哪些准备？

（6）小周年方 28 岁,已经成为一个集团总部的人力资源部的副部长。有一天,部长在美国考察未归,领导通知小周列席董事会。会议决定：人力资源部三天之内拿出一个"内训团队、外招人才"的方案上报总经理。如果你是小周,应当怎样做？

（7）你担任苏州一个大型企业集团销售科长。有一天,你接到三个电话：总经理要求你组织精兵强将三天以后到广州参加进出口商品交易会;妻子说大约三天后要在美国生小孩;父亲说上海一家大医院的专家预约三天以后为母亲会诊。请问你打算如何安排？

（8）根据你的组织能力和社会需求,创造一个你自己担任老板的小微企业。试从企业名称、经营范围、注册资本、工商管理、税务登记、城市选择、地址选择、组织结构、人员招聘等方面进行可行性论证。

项目 4 领　导

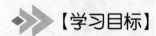【学习目标】

☞ **知识目标**

掌握领导、沟通、激励等基本概念,明确领导者权利,理解领导方式及其理论,掌握沟通技巧及有效激励。

☞ **能力目标**

能够进行有效沟通与激励,能够运用所学知识初步分析经典案例和实际领导问题,真正做一名合格的领导者。

☞ **素质目标**

通过案例讨论,掌握科学的领导方式并能运用领导理论,运用有效的表达艺术有效克服沟通障碍,提升沟通能力及领导能力。

【导入案例】

辞 职 风 波

公司新产品的研发正在紧锣密鼓地进行,一名关键员工却在这个时候提出辞职。到底是程序员太过冲动,还是总经理的管理方式有待商榷?或者其他员工的工作不够到位……

这是一家主营企业管理软件的公司,总部在深圳,半年以前在上海开立分公司,到现在拥有员工15人,1名总经理(主管技术支持),1位副总经理(主管程序开发),另有6名程序工程师,4名技术支持(负责售前咨询和售后服务),3名其他员工(包括人事、财务和前台)。这家公司是老总白手起家做起的,已经在深圳经营了7年,在上海开立分公司,志在争取江浙一带的客户群。公司原有的软件产品是运用FoxPro开发的,这种工具已经落后。于是公司决定改在Java平台上创建自己的软件产品,由上海分公司承担这项研发。总公司给出的研发时间是半年,这当中包括了总工程师设计整个软件架构的时间、程序工程师开发的时间和技术支持对软件进行测试的时间。整个项目开始于今年1月份,到3月底,总工程师将结构设想发到上海分公司,于是分公司指定3名比较得力的程序员具体负责,总经理要求他们"五一"以前完成全部代码的编写。到今年4月20日,做人事的林彤却接到其中一名程序员想要辞职的电邮。Java版软件的开发任务非常急迫,其他一些公司已经完成这种项目,正在推向市场,这个时候绝对不能延缓开发的进度,但是该名程序员的离开则无疑会影响到开发进度。林彤当时直接的反应就是不能让这位同事在这种情况下辞职。但首要任务就是要先了解清楚到底程序员为什么要辞职。以下就是林彤和几位同事交谈的记录:

李维(提出辞职的程序员):

其实这段时间工作压力一直都很大,要开发新产品,然后手头还有很多的订单时不时插进来要做。但是这些我也都认了,本来给人打工也就是这样的,没有压力做不了事。可是总经理今天在职工会议上这样批评我,我受不了。(林彤想起来,今天是开了一个职工全体会议,会上总经理刘英声色俱厉地批评了所有的程序员,认为他们的工作成效不好,所做的项目里面bug太多。总经理刘英还提出了几个被抽查的项目,发现重复犯的简单错误居多,所以她认为程序员的工作态度有问题,要求程序员立即改变这种工作的态度。)她今天提到的几个项目大多是我做的。我承认编程时因为粗心犯了一些错误,也确实是当初不够细心。这一点我接受。但是对待工作我的态度是端正的,我没有想偷懒,更没有成心把责任和更多的工作量转给其他同事,我觉得她这样说我,而且当着所有同事的面说我,我不能接受。这段时间工作太多了,这一个多月以来我每天晚上加班到10点,第二天一早还要9点上班打卡。身体再好也经不起这样折腾。说实在的,我对公司项目管理本来就有些看法:你看我们这个新产品说是给了半年的时间,但是实际上真正到我们具体的人手上,只有一个来月,刘英让我们"五一"以前交货,根本不可能。我们程序员都知道,王强(主管研发的副总经理)也知道这是个不可能完成的任务。我们问了,可是刘英做技术支持出身的,根本不了解程序员的工作模式。程序开发是一个智力活动,不是搬砖头,靠多用点力气就能出活的。她是做技术支持的,知道做软件测试需要很多的时间和精力,所以她给他们(技术支持人员)留了两个月的时间来做测试,我们做程序的只有一个月的时间。这种时间上的分配本来就不合理。没有充足的时间,我除了慌慌张张地赶活,根本没有时间自己先做个测试,问题肯定就会很多。原来我还挺抱幻想的,觉得我们程序员的辛苦公司看得见,可是今天一开会,我才发现,这些都是我的幼稚想法。而且我发现刘英每次开大会的时候,都要抓住我来批。我刚到公司的第一周,什么都还没有学,她就逮着机会来批我。我觉得长久下去,都成习惯了。在这样的公司做,挺没劲的。反正我要找份工作又不是很难,犯不着在这里受气。

王强(李维的直接主管,公司主管程序开发的副总经理):

虽然刘英今天在会上的措辞是有些激烈,不过我觉得李维的反应太强烈了。其实刘英只是随手挑了几个单子查,可是他比较不走运,被挑到的问题刚好都是他的。刘英一向对项目的要求很高,所以李维挨批首当其冲了。

刘英做技术支持很厉害,但她不是很了解程序员的工作,所以总是从技术支持的角度来看程序员的工作,我也知道这个方面有问题,可是没有很好的机会和她谈这些。

对于李维的工作,我是这样看的,他挺聪明,有潜力成为公司最好的程序员之一,因为他对程序有自己非常好的感觉。但是他的问题也同样突出,比如上班总是迟到,做项目因为不细心经常犯同样的简单错误。所以难怪刘英会认为他工作的态度不认真。

如果李维要走,我很头痛。因为现在任务这么紧,要在公司找到合适的人来替他,挺困难的。若招了新的程序员,我又要从头开始给新人做培训,时间和精力的花费都很多,说不定待了没几天,不是炒了公司就是被公司炒了。

但是我觉得公司是不会挽留他的,这是公司做事情的方式,我们几乎不挽留任何一个主动辞职的员工。

吴杰(程序员,和李维一起承担着新产品的开发):

今天刘英的批评是挺激烈的,如果换成我,都有想走的心。我们这段时间工作压力是挺大的,上面又压得这么紧。只给我们一个月的时间开发这么一个庞大的项目,太紧了。现在好了,李维如果一生气,真的走了,我们剩下来的人要被压死了。不过李维也是有点小孩子气了,其实在哪个公司不是这样的。领导批几句,还不是常事?关键我觉得他有些想法不应该憋着,应该说出来。我总有个观点,这些事碰上了,你说了,处不处理是公司的事。但是你不说,就是自己没有争取。如果我碰上这种事,我得向刘英问清楚,她凭什么就做出这样的判断,她应该对她说的话负责。

李维,但愿他别走吧,怎么着也要把手头这个项目做完了呀,不然找谁来替他啊。

徐远(公司的技术支持,他负责对李维前面的几个项目做测试):

从个人角度来看,我挺不愿意李维走的。李维为人不错,也很好相处。不过他的工作确实有问题。他编的程序错误率比较高,不是因为他不懂,而是因为粗心。这在我们这个行业里其实挺糟糕的。因为他的问题多了,我们做测试就得花上好多几倍的时间和精力来帮他弥补这些错误,所以难怪刘英今天发火了。他如果真的因为今天挨批就辞职,还是觉得他有点冲动。打工,谁没挨过批啊?而且现在工作这么多,其他人又都接不上他的活。他走了,公司整个项目就被搁起来了。我如果是他的话,也不会在这个节骨眼上辞职的。虽然说公司现在是刘英主管,她的观点可能代表了公司对你的一些看法,但是还要考虑到其他和你一起合作的这些同事啊,你走了,让别人怎么做?

刘英(总经理):

这么点事,他就想辞职。我真搞不懂他。是的,今天我是挺生气的,就当着所有员工的面没有指明名字地批评了他。但我是对事不对人的。可能我的言语是有些激烈。我挺有种恨铁不成钢的感觉的。我意识到了他可能不好受,所以会后,我又和他单独谈了谈,希望能听听他真实的想法,可是他一言不发,低着头。我真不知道他到底怎么想的。我就和他讲我的真实感受,希望他能了解我的处境和我的用心。可是说了那么多,他都没有反应。我真的也不知道怎么办了。说实在的,我也是刚刚接手做总经理没有多久,以前在深圳我也只是负责技术支持这块业务,并没有直接管理过程序员。他们在我看来都挺内向的,轻易不表现自己的想法,可很多东西他们不说我也猜不到的。而王强总体来说也是很内敛的一个人,你问一句,他答半句。可我平时又有很多的工作,技术支持那边的事情仍然是我主要负责的一块,每天一早来看看桌上一大堆的文件,我就开始埋头做事。等到做完一些,一抬头,他们差不多也都走了,下班了。我知道我应该有更多时间和同事做交流,但是工作太多了,我一人兼着好几块的工作,真的好难有时间和每一个人深入地谈。

虽然我在这边是总经理,但实际上在很大程度上还是受到总公司的限制。说白了,我也只是在打工。很多项目,就比如这次的新产品开发,时间上我也只能在自己的能力范围内做调整,总公司给我的压力也很大。这边做得效果不好,责任都是我的。

如果李维因为今天的会议上我的批评而选择离开公司,他也把这个问题看得太大了,有些冲动。但是如果他向我提出来辞职的话,我想老板不会挽留的。但是现在的项目这么紧,我们培训上岗的周期也挺长的,再安排个人来顶替他的岗位真的很困难。虽然说在上海找个程序员不难,但是要合公司用,还是很需要一段时间的。

讨论题:

(1) 林彤了解了情况后决定分别再找李维、王强、刘英几位谈话处理和解决这个棘手的问题。如果你是林彤,这次你会如何与他们三位谈话?方式、态度、内容该注意哪些?

(2) 领导是管理的一项重要职能。在实际的管理工作中,即使计划完善、组织结构合理,如果没有卓有成效的领导去协调、影响组织成员的行动和具体指导实施组织计划,也很有可能导致管理秩序混乱,工作效率低下,最终还可能偏离组织原定的目标。

任务1　领导的性质和作用

任务1.1　领导的内涵

1) 领导的概念

关于领导的定义,有不同的表述:

领导是上级影响下级的行为,以及劝导他们遵循某个特定行动方针的能力。

——切斯特·巴纳德

领导是影响力,是影响人们心甘情愿和满腔热情地为实现群体目标而努力的艺术或过程。

——哈罗德·孔茨

虽然各位学者的表述不同,但核心都是强调领导是一种影响力。领导是一种复杂的社会现象。本书对领导的定义:领导就是指挥、带领、引导和鼓励下属为实现目标而努力的过程。这个定义包含3个要素:①领导者必须有下属或追随者;②领导者应拥有影响追随者的能力或力量;③领导的目的是通过影响下属而达到组织的目标。

2) 领导与领导者

领导与领导者是两个不同的概念,领导是一种行为,领导者是组织中的一个角色。领导是领导者的一种行为。一个组织可以指定一个领导者或选出一个领导者,但却不能指定或选出某种领导行为。领导是一个行为过程,在这个过程中有许多相关因素。

3) 领导与管理

许多人将领导与管理混为一谈,似乎管理者就是领导者,领导过程就是管理过程,但实际上两者是有区别的。领导与管理是两个不同的概念,两者既有联系,又有区别。

管理的四个基本职能包括领导这一职能,因此管理者都需要具有领导能力。领导与管理的区别如表 4-1 所示。

表 4-1 领导与管理的区别

类型	领导	管理
产生方式	正式任命,从群众中自发产生	正式任命
所处理的问题	变化、改革问题	复杂、日常问题
主要行为	开发愿望、说服、激励和鼓舞,制定目标和规范、用人	计划、监督、员工雇佣、评价、物资分配、制度实施
影响下属的方式	正式权威或非正式权威	正式权威
目标	变革、建构结构、程序和目标,制定战略	稳定组织程序,维持组织高效运转

案例讨论

天鹅、狗鱼和虾

有一次,天鹅、狗鱼和虾一起拉动一辆装东西的货车。三个家伙套上车索,用尽全力拼命地拉,车上装的东西不算重,可车子就是纹丝不动。为什么呢?只见天鹅拼命向云里冲,虾使劲往后拖,狗鱼则直向水里拖拽。

讨论题:

究竟哪个错、哪个对?你从中得到什么启发?

任务 1.2 领导的作用

古语说:千军易得,一将难求。领导者对于组织的作用也是如此重要。领导的作用是帮助下属尽其所能以达到目标。领导不是在群众的后面推动或鞭策,而是在群众的前面引导、鼓励群众实现共同的目标。

1)指挥作用

在组织管理中,领导的首要作用就是指挥与引导。无论是职能式的结构管理,还是流程化的过程与活动管理,负有领导责任的领导者必须使部门人员的行动符合组织的利益,其行为必须统一。这就意味着领导者需要制定具体的政策,指明活动的方向,实现行动导向和行为约束,即发挥其指挥作用。组织中领导指挥作用的发挥,要求组织整体赋予领导者相应的指挥权,同时提出领导者约束自身行为的规范要求,这一工作必须领在制度上予以保证。

2）协调作用

组织是通过分工和协作来实现组织目标的。专业的分工可以提高劳动效率,克服协调的困难。各个部门必须协调一致、密切配合才能保证组织整体目标的实现,否则组织会陷入混乱、效率低下的境地。因此,组织需要由具有一定协调能力、沟通谈判能力的领导者来协调各部门的活动,以保证组织目标的实现。

3）激励作用

激励是领导工作的重要方面。现代管理学证明,组织的活力取决于员工的士气。在任何组织活动中,领导者只有使参与组织活动的人都保持高昂的士气和旺盛的工作热情,才能使组织目标得以有效而快速地实现。组织是由具有不同需求和欲望的个人组成的,因而组织成员的个人目标与组织目标不可能完全一致。领导的目的就是把组织目标与个人目标结合起来,引导组织成员满腔热情地为实现组织目标做出贡献。

 案例讨论

闷闷不乐的陈五

认识陈五的人都知道,他是一位乐天派的好人。他总是笑口常开,好像生活没有任何烦恼似的,同时在工作上也是敬业乐群、努力认真。

吕力最近发现陈五变了,以往的笑容难以复现,取代的是愁容满面、心事重重的样子。身为他的至交好友,吕力找到陈五,想了解为何如此。陈五刚开始不愿多谈,在吕力的一再追问下,他终于开口了。

上个月公司因为我表现不错,升任我做主管,我当然欣然接受,也感到光荣。但没想到这才是噩梦的开始。平时无话不说的伙伴,不知不觉中好像有了距离。以前经理很欣赏我的工作表现,但现在责难却比赞赏来的多。工作压力更是大:过去我做好自己的工作,按时上下班,轻松自在,现在每天要担心有没有人迟到、请假,阿山是不是在玩耍,新来的阿源会不会操作电脑,年轻的小王会不会说不来就不来了,小丽昨天和男朋友吵架,今天情绪又不好,等等问题,同时还要随时注意产能与品质。就算下了班回家,脑子里还是充满这些事,唉! 你说我还能笑得出来吗? 我该怎么办呢?

讨论问题:

陈五的问题出在哪里? 如果你是陈五,应该如何做?

任务 2　领导的影响力

领导的影响力就是领导者有效地影响和改变被领导者的心理和行为的能力。领导的过程就是通过人与人之间的相互作用的关系和过程,使下属义无反顾地追随领导者前进,并把自己的全部力量奉献给组织,使得组织目标有效实现。构成领导影响力的基础有两大方面:一是权力性影响力;二是非权力性影响力。

任务 2.1　权力性影响力

权力性影响力也称职权影响力,是由社会赋予个人的职务、地位和权力等形成的,带有法定性、强制性和不可抗拒性,属于强制性影响力。职位权力是管理者实施领导行为的基本条件,没有这种权力的影响,管理者就很难有效地影响下属、实施领导。

1) 法定权力

法定权力也叫合法权、支配权,是由组织机构正式授予领导者在组织中的职位所获得的。领导者享有依权发布指示、命令,指挥他人并促使他人服从的权力。法定权力是领导者职权大小的标志,是领导者的地位所赋予的,是运用其他各种权力的基础。

2) 强制权力

强制权力又称惩罚权力,是指通过精神和物质上的威胁,强制下属服从的一种权力。这种权力更多地表现为负强化和惩罚,如降职、免职、扣发工资等。服从是强制权的前提,法律、规章是强制权的保证,惩罚是强制权的手段。当下属意识到违背领导的意愿会导致精神或物质损失的时候,往往会被动地服从领导指挥和调度。惩罚权在使用时往往会引起愤恨、不满,甚至报复行为,因此必须谨慎使用。

3) 奖赏权力

奖赏权力是指在下属完成一定的任务时给予相应的奖励,以鼓励下属的积极性。奖赏属于正激励,其方式很多,包括加薪、发放奖金、晋升职务、提供培训等。领导者为了肯定和鼓励某一行为,借助物质或精神方式,使得下属员工得到精神或物质方面的满足,从而激发他们的积极性与创造性。下属员工是否期望这种奖赏是奖赏权力的一个关键。一般来讲,一个领导者对奖赏控制的力度和范围越大,这种权力就越有力量。

案例讨论

公司的起伏

某公司聘请了一位CEO,此人以能干果断闻名。上任之后就开始大力裁员,出售分部,赏罚分明,做出了本应几年前就该实施的决定,公司业绩逐渐良好。但由于其独断专行,对下属工作中的丁点儿错误都大发雷霆、处罚严厉,下属因为害怕将坏消息告诉他挨骂,不再向他提供任何坏消息。员工士气降到有史以来最低,公司在短暂的复苏后又再次陷入困境。

讨论问题:

该公司为什么又再次陷入困境?领导的影响力体现在哪里?

任务2.2 非权力性影响力

非权力性影响力是与权力性影响力相对应的,它既没有正式的规定,也没有组织赋予的形式,所以,它属于自然性的影响力,是靠领导者自身的威信和以身作则的行为来影响他人的。非权力性影响力产生的基础比权力性影响力产生的基础广泛得多。构成非权力性影响力的因素主要有以下几种:

1) 品德因素

高尚的品德会给领导者带来巨大的影响力。正所谓"德高望重"、"人格的力量是无穷的"。人们常说,无"德"是危险品,无"智"是次品,无"体"是废品,由此可见人们对"德"的重视。

"诚信"、"守信"是做人的基本准则,是人与人交往的基础。最容易损害领导威信的,莫过于被人发现他在欺骗、不守诺言。领导者要以自己的诚信换取别人的信任,协调配合,合作共事,带领大家做好工作,就必须做到"言必信,行必果"。

2) 才能因素

才能是指领导者的才干与能力。一个有才能的领导者会给下级带来成功的希望,使人对领导者产生一种敬佩感。敬佩感犹如一块心理磁铁,会吸引人们自觉地去接受其影响。领导者的才能不单单反映在领导者能否胜任自己的工作上,更重要的是反映在他的整个事业的成败上。如果领导者位高才低,他的影响力就会比应有的影响力低。

3) 知识因素

知识就是一种力量,是科学所赋予的力量。一个领导人如果具有某种知识专长,他便会对别人产生更大的影响力。领导人所拥有的这种能力,即所谓的"专长权力",也叫专家影响力。一个工作群体的领导人必须掌握丰富的业务知识,才能正确地处理各类问题,使下属对此感到满意,这样他在下属中便产生了影响力。这种影响力是超于职权之外的。领导人在职位权力之外,充分发挥"专长权力"的作用,可以大大提高工作效率。一个没有专家影响力的领导人由于缺乏专业知识,可能会在许多问题上一筹莫展。因此,领导人必须提高自己的业务知识能力。

4) 感情因素

组织内部之间在工作和学习中建立的深厚感情,是维系一个部门和单位凝聚力的重要因素。有专家分析,当今社会大部分事业成功者的成功因素只需15%的智商,但却同时需要85%的情商。对于领导者而言,提高情商就是以平等的视角、开放的心态与下属进行适当地情感交流。一个工作群体的领导人要将他们的决策变成职工的自觉行动,单凭权力是不够的。因为,即使领导人具有专长权力、职位权力,若没有感情的影响力,仍然不能最大限度地发挥领导人的作用。领导人要想使下属心悦诚服,使下属不仅在工作上听从指挥,更要在感情上能与领导人心心相印、忧乐与共,就必须发挥感情的影响。

领导人要在下属中发挥感情的影响力,就必须改进工作方法和领导作风,起码做到从感情入手,动之以情、晓之以理,以取得彼此感情上的沟通。

一般来说,非权力领导力对下属的影响是内在的、长远的,不随着职务的变动而变动的,不随着职位的消失而消失。

 案例讨论

刘备、宋江、唐僧的"无能"之能

刘备,从一个卖草席的破落皇族起家,在关羽、张飞、赵云、诸葛亮等武将谋士的追随下,最终成就三国鼎立之势。

宋江,为人仗义,好结交朋友,以及时雨绰号闻名。在众梁山好汉中,无论武功、智谋、胆略都不算出众,却赢得了好汉们普遍的认可,坐上水泊梁山的第一把交椅。

唐僧,手无缚鸡之力的文弱僧人,在本领高强的三个徒弟的追随下,成功取得西天真经。

讨论题:

(1) 为什么这些能人智士愿意死心塌地的追随着看起来不如他们的这三人呢?

(2) 领导是否需要处处要比属下能干？

任务2.3　领导方式及其理论

领导方式及其理论的研究是从领导者的风格和领导者的作用入手，把领导者的行为划分为不同类型。主要研究什么样的行为是最有效的领导行为，并认为有效的领导行为与无效的领导行为有很大的区别，并且在任何环境中都是有效的。下面介绍几种有代表性的领导行为理论。

1) 基于职权的领导风格

美国依阿华大学的研究者、著名心理学家勒温和他的同事们从20世纪30年代起就进行关于团体气氛和领导风格的研究。勒温等人发现，团体的任务领导并不是以同样的方式表现他们的领导角色，领导者们通常使用不同的领导风格，这些不同的领导风格对团体成员的工作绩效和工作满意度有着不同的影响。勒温等研究者力图科学地识别出最有效的领导行为，他们着眼于三种领导风格，即专制型、民主型和放任型的领导风格。

(1) 专制型领导：专制型领导方式主要是靠权力和强制命令进行的管理。其主要特点是：独断专行，从不考虑别人的意见，完全由领导者自己做出各种决策；不把任何消息告诉下属，下属没有任何参与决策的机会，而只能奉命行事；主要靠行政命令、纪律约束、训斥和惩罚，很少或只有偶尔的奖励；领导者只注重工作的目标，仅仅关心工作的任务和工作的效率；与下级保持一定的心理距离。

(2) 民主型领导：实行民主型领导方式的领导者对将要采取的行动和决策与下属商量，并且鼓励下属参与决策。其主要特点是：分配工作时，尽量照顾到个人的能力、兴趣和爱好；对下属的工作不安排得那么具体，个人有相当大的工作自由、较多的选择性和灵活性；主要靠个人威信，而不是靠职位权力和命令使人服从；领导者积极参与社团活动，与下级无任何心理上的障碍。

(3) 放任型领导：实行放任型领导方式的领导者极少运用其权力，而是给下属以高度的独立性。其主要特点是：工作事先无布置，事后无检查，权力完全给予个人，一切悉听自便，毫无规章制度。

勒温认为，这三种不同的领导风格，会造成三种不同的团体氛围和工作效率。放任型的工作效率最低，只能达到组织成员的社交目标，但完不成工作目标；专制型领导方式虽然通过严格管理能够达到目标，但组织成员没有责任感，情绪消极，士气低落；民主型领导方式的工作效率最高，不但能够完成工作目标，而且组织成员之间关系融洽，工作积极主动,有创造性。在实际的组织与企业管理中,很少有极端型的领导,大多数领导方式都是介于放任型、专制型和民主型之间的混合型。

案例讨论

史密斯的不同领导风格

史密斯是一位资深的经理人,有着在不同类型企业管理的经验。

接任制造企业 A 公司时,公司处于危机之中,其销售额与利润在不断下滑。史密斯通过专制型的领导风格,下达明晰的指令,建立健全的规章制度,对组织机构、产品类型进行大刀阔斧的改革,成功地将公司带出了危机。

在担任业绩良好、处于平稳上升期的传媒业 B 公司 CEO 时,史密斯鼓励下属参与决策,注重对下属的激励和关心,给予下属较多的工作主动权和创新空间,员工的工作效率与积极性得到大幅提高。

讨论题:

为什么史密斯采取两种完全不同的领导风格且都取得了不错的效果?

2)管理方格图

管理方格理论是研究企业的领导方式及其有效性的理论,是由美国得克萨斯大学的行为科学家罗伯特·布莱克(Robert Blake)和简·莫顿(Jane Mouton)在 1964 年出版的《管理方格》一书中提出的。这种理论倡导用方格图表示和研究领导方式。他们认为,在企业管理的领导工作中往往出现一些极端的方式,或者以生产为中心,或者以人为中心,或者以 X 理论为依据而强调靠监督,或者以 Y 理论为依据而强调相信人。为避免趋于极端,克服以往各种领导方式理论中的"非此即彼"的绝对化观点,他们指出:在对生产关心的领导方式和对人关心的领导方式之间,可以有使二者在不同程度上互相结合的多种领导方式。他们用方格网的横坐标表示管理者对任务的关心程度,用纵坐标表示管理者对人的关心程度。又把横纵坐标分成 9 个标度,作为衡量关心程度的标准。这样纵横交错便形成了 81 种领导风格的方格图,如图 4-1 所示。

(1,1)贫乏型的领导者:以最小的努力完成必需的工作来维持组织中的身份。领导者既不关心员工也不关心生产,只要维持就可以了,身在其位,不谋其政。

(1,9)俱乐部式领导者:对业绩关心少,对人

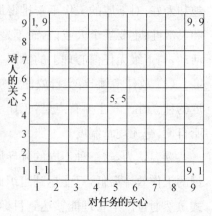

图 4-1 管理方格理论图

关心多,他们努力营造一种人人得以放松、可以感受友谊与快乐的环境,他们重视下级对自己的评价,与下级打成一片,但是容易忽略工作效果。

(5,5)小市民式领导者:既对工作关心,也对下属员工关心,二者兼顾,程度适中。不设置过高的目标,能够得到一定的士气和适当的产量,但不是卓越的。缺乏进取精神,满足于现状。

(9,1)专制式领导者:对业绩关心多,对员工关心少,作风专制,他们对人的因素基本上采取漠视的态度。只需要完成生产任务的员工,他们唯一关注的只有业绩指标。

(9,9)理想式领导者:对工作和下属员工都很关心,这种方式的领导能使组织的目标与个人的需要最有效地结合起来,既能带来生产力和利润的提高,又能使员工得到事业的成就与满足。

布莱克和莫顿认为,(9,9)型的领导者工作效果最好,是领导者努力的方向。因为这种方式使组织中的人精诚团结,共同完成目标。管理方格理论问世后便受到管理者的高度重视。它启发管理者在实际管理工作中,一方面要高度重视手中的工作,要布置足够的工作任务,提出严格要求;另一个方面又要关心下属个人,包括关心他们的利益,创造良好的工作条件和工作环境,给予适度的物质和精神的鼓励等。

案例讨论

亚历山大的领导方式

亚历山大是某便利连锁店的片区经理,他全面负责片区七家分店的经营管理。这些店24小时营业,在每个轮班时间内只有一个人当班。每家店的销售现金都存放在保险柜中,等下一周的时候再统一清点。这样,周一早上当班的店员就要花费较多的时间来清点现金。

公司规定,当清空店里的保险柜时,片区经理必须同店员一起清点,而且店员必须将钱分成1 000美元一捆置于棕色袋中,标记后让经理再次核实数额。

比尔在这家店当店员,他想提高工作效率,预先将现金清点好。有一天店里生意忙碌,比尔在为顾客打包时不慎将一袋现金当做装了食品的袋子放在顾客的购物车中。随后,亚历山大来了,复核中发现问题。幸运的是,过了几天,顾客主动将钱送回。公司有规定,任何人违背了清点的程序,必须解雇。

比尔非常伤心,说他妻子病了,需要大笔医药费,他很需要这份工作。亚历山大提醒说:"你是知道公司政策的。"比尔说:"我知道错了,但是只要你不解雇我,我会保证比其他店员做得更好。"亚历山大向总部汇报情况后,经过总部的批准,决定不解雇比尔。

讨论题:

根据管理方格理论,亚历山大的领导方式属于哪一种?

任务3 领导权变论

权变理论最初是由美国著名管理大师费德勒在他的《领导效能论》和《领导效能新论》等著作中提出来的,后来经过不断实践和完善,已经发展成为比较系统成熟的领导理论,此理论在提高人的效率方面具有里程碑的意义。权变中的"权"是指权衡比较、判断情况、审时度势;权变中的"变"是指因势利导、把握局势。权变理论认为:没有固定不变的领导模式,有效地激励方式因工作的不同而不断变化,不同的工作环境需要不同的领导方式。因此,权变理论又称为情景理论或情境理论,其主要模型有:费德勒的权变模型、加拿大罗伯特·豪斯的路径-目标理论以及领导生命周期理论。

任务3.1 费德勒权变模型

美国伊利诺伊大学的费德勒从1951年开始,首先从组织绩效和领导态度之间的关系着手进行研究,经过长达15年的调查实验,提出了"有效领导的权变模式",即权变模型。他认为,领导工作是一个过程。在这个过程中,领导者施加影响的能力取决于群体的工作环境、领导者的风格和个性以及领导方法对群体的适合程度。也就是说,成为领导者不仅是由于他们的个性,而且还由于各种环境因素以及领导与环境因素之间的相互作用。他把影响领导者风格的环境因素归纳为三个方面:职位权力、任务结构和上下级关系。

1) 职位权力

职位权力是指与领导者职位相关联的正式职权以及领导者从上级和整个组织各个方面所取得的支持程度。这一职位权力是领导者对下属的实有权力,包括奖惩权力。假如一位部门主管有权聘用或开除本部门的职工,则他在这个部门的权力就比经理的权力还要大,因为经理一般并不直接聘用或开除一个部门的普通员工。当领导者拥有一定的明确的职位权力时,则更容易使群体成员遵从他的指导。

2) 任务结构

任务结构是指下属对所从事的工作或任务的明确程度,例如,是枯燥乏味的例行公事,还是需要一定创造性的任务。当下属人员对所担负的任务的性质清晰明确而且例行化,则领导者对工作质量容易控制。群体成员也有可能对自己所担负的任务性质模糊不清或其任务多有变化,这时领导者就应更好地担负起他们的工作职责。

3) 上下级关系

上下级关系是指下属对一位领导者的信任、爱戴和拥护程度,以及领导者对下属的关心、爱护程度。这一点对履行领导职能是很重要的,因为职位权力和任务结构可以由组织控制,而上下级关系是组织无法控制的。

任务 3.2 路径-目标管理

路径-目标理论是由加拿大多伦多大学的组织行为学教授罗伯特·豪斯提出来的,他认为领导者的行为只有在帮助下属实现他们目标时才会被下属接受。因此,如果下属认为领导者正在为实现某种目标而和自己一道工作,而且那种目标能为自己提供利益,那么这种领导就是成功的。路径-目标管理又称为目标导向管理。它同以前的各种领导理论的最大区别在于,它立足于部下,而不是立足于领导者。这一理论的两个基本原理是:首先,领导方式以部下乐于接受为前提,所以要寻求能够给部下带来利益和满足的方式;其次领导方式以激励为目的,领导者要能够指明工作方向,使其能够顺利达到目标,在工作过程中满足组织成员的需要。

由于下属的需要是随着情境的变化而变化的,在某些情境下,下属要求领导指导并设定目标。随着情境变迁,下属可能自己明确工作目标,仅仅希望得到领导的支持。在豪斯看来,领导者在应付每一种情境的时候,有四种风格的领导行为可供选择。

1) 指示型领导方式

领导者对下属提出要求,包括对他们有什么希望、如何完成任务、完成任务的时间限制等。指明方向,给下属提供他们应该得到的指导和帮助,使下属能够按照工作程序去完成自己的任务,实现自己的目标。

2) 支持型领导方式

领导者对下属友好,关注下属的福利和需要,尊重下属,能够做到真诚帮助、平易近人、平等待人、关系融洽。

3) 参与型领导方式

领导者邀请下属一起参与决策,虚心听取下属的意见,让下属参与管理,将他们的建议融入组织的决策中去。

4) 成就导向型领导方式

领导者做的一项重要工作就是树立具有挑战性的组织目标,为下属制定的工作标准很高,寻求工作的不断改进,激励下属想方设法去实现目标,迎接挑战。

罗伯特·豪斯认为,领导方式是有弹性的,针对不同的阶段和不同的领导对象可以选择不同的领导方式,所以这四种领导方式可能在同一个领导者身上出现。豪斯强调,领导者的责任就是根据不同的环境因素来选择不同的领导方式。如果强行使用某一种领导方式,必然会导致领导活动的失败,应采用最合适于下属特征和工作需要的领导风格,如表4-2所示。

表4-2 领导风格

领导方式	适用情况
指示型领导方式	当下属能力比较低时
	当任务不明确,组织的规章和程序不清晰时
支持型领导方式	当下属从事机械重复性的和没有挑战性的工作时
	当下属没有信心时
参与型领导方式	当下属具有独立性,具有强烈的控制欲时
	当任务不明确时
成就导向型领导方式	当组织要求下属履行模棱两可的任务时
	当下属能力较强时

任务3.3 领导生命周期理论

领导的生命周期理论是由美国心理学家科曼首先提出来的,后经保罗·赫赛和肯尼斯·布兰查德加以发展形成,又被称为"情境领导理论"。他们认为,领导的有效性取决于领导风格与下属成熟度是否匹配。因为领导绩效通过下属的行为来实现,领导权力从某种意义上来自下属,如果下属拒绝领导者,无论领导者多么努力,计划都难以变成现实。因此,领导的成功取决于下属的成熟程度以及由此确定的领导风格。如图 4-2 所示。

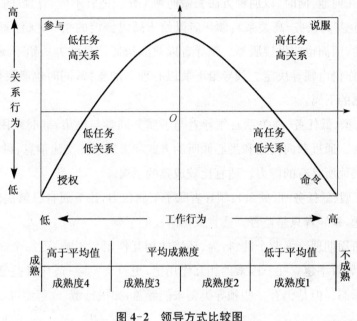

图 4-2　领导方式比较图

1) 下属的成熟度

下属的成熟度是下属对自己的直接行为负责的能力和愿望,它包括工作成熟度和心理成熟度。工作成熟度包括下属的知识和技能,工作成熟度高的下属拥有足够的知识能力和经验去完成他的工作而不需要他人的领导。心理成熟度是指下属做事的愿望和动机,心理成熟的下属不需要太多的外部激励,靠内部动机激励就能够自己完成工作任务。

赫赛和布兰查德把下属成熟程度分为四个阶段:

(1) 不成熟阶段:下属缺乏接受和承担任务的能力和愿望,既不能胜任又缺乏自信。

(2) 初步成熟阶段:下属愿意承担任务但缺乏足够的能力,有积极性但没有完成任务所需的技能。

(3) 比较成熟阶段:下属具有完成领导者所交给任务的能力,但没有足够的积极性。

(4) 成熟阶段:下属能够而且愿意去做领导者要他们做的事情。

2) 领导方式

在管理方格图的基础上,根据员工的成熟度不同,将领导方式分为四种:

（1）指示型（高任务-低关系）：领导者决策时，强调指挥和控制，不重视人际关系和激励，因而也叫做命令型。领导者采用单项沟通的形式，明确地规定任务，确定工作规程，告诉下属在何地、何时、以何种方法去做何种工作。适宜不成熟阶段的下属。

（2）推销型（高任务-高关系）：领导者既给下属以一定的指导，又注意保护和鼓励下属的积极性，因而也叫做说服型。领导者以双向沟通信息的方式给下属以直接的指导，大多数工作仍由领导决定。领导给下属以心理上的支持，同时也激发他们的热情。适宜初步成熟的下属。

（3）参与型（低任务-高关系）：领导者与下属共同参与决策，同时采用激励手段鼓励群体积极性。通过双向沟通和悉心倾听的方式和下属相互交流信息、讨论问题，支持下属努力发展他所具有的能力。适宜比较成熟的下属。

（4）授权型（低任务-低关系）：领导者赋予下属权力，让下属自己解决何时、何地和如何做的问题，领导者只是监督。适宜成熟阶段的下属。

领导生命周期理论强调个性、行为、环境的相互作用与影响，更加全面地丰富了领导理论；把领导效率建立在三因素的相互作用上，更符合实际；适应日益复杂化和不断变化的组织形态。但是仍有一些领导类型未能涵盖，如执行型、改革型等，有待完善。

 小阅读

影响一生的一番话

在圣诞节的前夜，史密斯先生在自家鞋店玻璃橱前发现了一个捡煤屑的穷小子，衣衫褴褛，穿着一双早已"千疮百孔"并极不合适的鞋子，正盯着橱柜里精美的鞋子，眼睛里饱含着一种莫名的希望。这就是当时只有八九岁的林肯。当史密斯先生问林肯"我能帮你什么忙"时，林肯回答："我在祈求上帝赐我一双合适的鞋子。"面对林肯的要求，史密斯先生没有接纳其夫人的建议，直接送给林肯一双鞋子，而是拿出一双橱柜里最好的袜子，并告诉林肯："孩子啊，真对不起，你要一双鞋子的要求，上帝没有答应，他说，不能给你一双鞋子，而应当给你一双袜子。"当林肯的脸上布满失望与伤心的神情时，史密斯先生边用温水给他洗脚，边给林肯说了一番让他终身受益的话："孩子，我们每个人都会对心中的上帝有所祈求，但是，他不可能给予我们现成的好事，就像在我们生命的果园里，每个人都追求果实累累，但是上帝只能给我们一粒种子，只有把这粒种子播进土壤里，精心去呵护，它才能开出美丽的花朵，到了秋天才能收获丰硕的果实；也就像每个人都追求宝藏，但是上帝只能给我们一把铁锹或一张藏宝图，要想获得真正的宝藏还需要我们亲自去挖掘。关键是自己要坚信自己能办到，自信了，前途才会一片光明啊！就拿我来说吧，我在小时候也曾祈求上帝赐予我一家鞋店，可上帝只给了我一套做鞋的工具，但我始终相信拿着这套工具并好好利用它，就能获得一切。二十多年过去了，我做过擦鞋童、学徒、修鞋匠、皮鞋设计师……现在,我不仅拥有了这条大街上最豪华的鞋店,而且拥有了一个美丽的妻子和幸福的家庭。孩子,你也是一样,只要你拿着这双袜子去寻找你梦想的鞋子,义无反顾,永不放弃,那么,肯定有一天,你也会成功的。另外,上帝还让我特别叮嘱你:他给你的东西比任何人都丰厚,只要你不怕失败,不怕付出!"史密斯先生的一番话,可谓影响了林肯的一生,三十年过后,昔日的穷小子成为了美国历史上有名的总统。

任务4 沟通技巧

沟通是一门艺术,是每一个组织和个人都要学会和掌握的技能。在如今飞速发展的社会,不会沟通的人是很难取得成功的,沟通具有非常重要的现实意义。

案例讨论

不同的三个人

有一条船在海上遇难,留下三位幸存者。这三位幸存者分别游到三个相隔很远的孤岛上。第一个人没有无线电,他只有高声呼救,但是他周围两里以内没有人。第二个人有无线电,但已受潮,一架从他头上飞过的飞机虽能听到他的声音,却无法听清他呼叫的内容。第三个人有一架完好的无线电,他通过无线电向外报告自己受难的情况和目前所处的方位,救援飞机收到他的呼救信号后迅速前往施救。

讨论题:

为什么第一个人、第二个人不能得救,而第三个人能得救?

沟通就是信息交流。组织中的相互了解、获得反馈、衡量成果、进行决策,部门之间的协调以及与企业外部的联系等,无不依赖于信息沟通。在管理中,沟通犹如人的血脉,如果沟通不畅,就如血管栓塞,结果是形成内部的诸多误解、矛盾和隔阂。信息沟通与组织绩效密切相关,整个管理工作也都与沟通有关,所以,沟通是管理活动中的一项重要内容。

任务4.1 沟通的基本内涵

沟通是各种技能中最富有人性化的一种技能。社会就是由人相互沟通所形成的网络。沟通渗透于人们的一切活动之中,是流注人类全部历史的水流,不断延伸人们的感

觉和信息渠道。人们已经习惯于生活在沟通的汪洋大海,很难设想,要是没有沟通,人们该怎样生活。但至于什么是沟通,可谓众说纷纭,有关沟通的定义达100多种。沟通的含义是相当丰富而复杂的,但如果从最一般的意义来说,所谓沟通,就是人与人之间通过语言、文字、符号或其他的表达形式进行信息传递和交换的过程。

这里需要注意三点:第一,信息沟通首先是信息的传递,如果信息没有传递到接受者那里,信息沟通就没有发生;第二,有效的信息沟通,不仅需要信息被传递,还需要信息被理解;第三,信息沟通主要是在人与人之间进行。

一般来说,沟通具有以下几方面的意义:

1) 沟通是增强组织凝聚力、统一组织行动的凝聚剂

在一个组织中,沟通是把许多独立的个人、群体联系起来,成为一个整体。当组织内做出某项决策或制定某项新的政策时,由于每个个体的地位、利益和能力不同,对决策和制度的理解执行的意愿也不同,需要相互交流意见,统一思想认识。而沟通能促使人与人之间在思想、感情、见解、价值观等方面进行交流,有利于实现上级、下级、同级之间的相互理解、配合与支持,自觉地协调每个个体的工作活动,以保证组织目标的实现。因此,可以说没有沟通就不能有协调一致的行动,也就不可能实现组织的目标。

2) 沟通是科学决策的前提和基础

在激烈的市场竞争环境中,决定企业经营成败的关键往往不是企业内部一般性的生产管理,而是在于重大经营方针的决策。任何组织机构的决策过程,都是把情报信息转变为行动的过程。准确可靠而迅速地收集、处理、传递和使用情报信息是决策的基础。事实证明,许多决策的失误是由于信息资料不全、沟通不畅造成的。因此,没有沟通就不可能有科学有效的决策。

3) 沟通是组织内部建立良好人际关系的关键

组织内人际关系主要是由沟通的水平、态度和方式决定的。员工可以通过群体内的沟通来表达自己的挫折感和满足感。因此,沟通提供了一种释放情感的情绪表达机制,并满足了员工的社交需要。

4) 沟通是组织与外部建立联系的桥梁

组织的生存和发展必然要与政府、社会、顾客、供应商、竞争者等发生各种各样的联系,这使得组织不得不与外部环境进行有效的沟通。沟通就是实现组织与外界协调互动的重要桥梁和纽带。

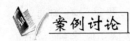

案例讨论

研发部的梁经理

研发部梁经理才进公司不到1年，工作表现颇受主管赞赏，不管是专业能力还是管理绩效，都获得大家肯定。在他的缜密规划之下，研发部一些延宕已久的项目都在积极推行中。

部门主管李副总发现，梁经理到研发部以来，几乎每天加班。他经常第2天看到梁经理电子邮件的发送时间是前一天晚上10点多，接着又看到当天早上7点多发送的另一封邮件。这个部门下班时总是梁经理最晚离开，上班时第一个到。平常也难得见到梁经理和他的部属或是同级主管进行沟通。

李副总对梁经理如何与其他同事、部属沟通工作觉得好奇，开始观察他的沟通方式。原来，梁经理都是以电子邮件交代部署工作。他的属下除非必要，也都是以电子邮件回复工作进度及提出问题，很少找他当面报告或讨论。其他同事也是如此，电子邮件似乎被梁经理当做和同仁们合作的最佳沟通工具。

但是，最近大家似乎开始对梁经理这样的沟通方式反应不佳。李副总发觉，梁经理的部属对部门逐渐没有向心力，除了不配合加班，还只执行交办的工作，不太主动提出规划或问题。而其他各个主管，也不会像梁经理刚到研发部时主动到他房间聊聊，大家见了面，只是客气地点个头。开会时的讨论，也都是公事公办的味道居多。

李副总碰到另一位陈经理时，以闲聊的方式问及小主管和梁经理的关系，陈经理说梁经理工作相当认真，可能对工作以外的事就没有多花心思。李副总也就没再多问。

这天，李副总刚好经过梁经理房间门口，听到他打电话，讨论内容似乎和陈经理的业务范围有关。他到陈经理那里，刚好陈经理也在打电话。李副总听谈话内容，确定是两位经理在谈话。之后，他找了陈经理，问他怎么一回事。明明两个主管的办公房间就在隔邻，为什么不直接走过去交谈，竟然是用电话谈。

陈经理笑答，这个电话是梁经理打来的，梁经理似乎比较喜欢用电话讨论工作，而不是当面沟通。陈经理曾试着要在梁经理房间谈，而不是电话沟通。梁经理不是最短的时间结束谈话，就是眼睛还一直盯着计算机屏幕，让他不得不赶紧离开。陈经理说，几次以后，他也宁愿用电话的方式沟通，免得让别人觉得自己过于热情。

了解了这些情形后，李副总找了梁经理聊聊。梁经理觉得，效率应该是最需要追求的目标。所以他希望用最节省时间的方式达到工作要求。李副总以过来人的经验告诉梁经理，工作虽然效率重要，但良好的沟通绝对会让工作进行顺畅许多。

讨论题：

梁经理的不足之处在哪里？从中你得到什么启发？

任务4.2　沟通的目的

组织沟通的目的是促进变革，即对有助于组织利益的活动施加影响，以利于组织内部建立良好的人际关系，成员之间达成理解，进而有利于组织行为的顺利实施，实现组织目标。

由于组织规模的大小和社会环境的变化，不同类型和不同规模的组织沟通的重点有所不同。在小企业主共同参加劳动的简单工厂中，情报沟通几乎是对外的。小企业主需要从外部获得信息，以确定他们的产品、生产方向、生产方式等问题，以利于自己的企业兴旺发达。大型组织的管理人员不仅是同社会环境沟通，而且要把相当大的注意力放在组织内部的沟通上。在沟通中，应当明确其目的，实现有效沟通，以推动组织的高效运转。一般而言，沟通的目的有五个方面：

1) 控制目标的实现

巴纳德认为沟通就是把组织中的成员联系起来以实现共同目标的手段。组织目标的实现要依赖于组织的各个部门及各成员的共同努力，这就要让每个成员都知道要实现的目标和实现目标的计划，所以必须进行充分而有效的信息沟通。

2) 控制成员的行为

组织中每个成员的行为都应该符合组织的发展方向和经营目标。通过沟通了解成员的思想和工作，不时地提醒和规范工作行为，有利于工作的顺利开展。

3) 激励员工改善绩效

沟通就是一种激励，领导和激励人们并营造一个人人想要做出贡献的环境。管理者在公司治理中，下属一般不太知道他们在忙什么，他们也不知道下属在想什么，这就失去了激励。平时抽点时间到各部门走动走动，关心一下员工的所需，这样会产生更大的正能量，这也叫走动管理。

4) 表达情感

在企业管理中，情感是工作上的一种满足或挫败。企业成员间的沟通是思想和情感的交流,通过沟通可以在员工之间分享成功或失败,吸取经验或教训,更有利于建立和谐的人际关系。

5)流通信息

组织内部成员间,特别是领导者和被领导者之间,要通过不断的信息沟通才能使彼此了解、互有感情、配合默契。领导者也能借此赢得人们的信任和支持。

案例讨论

沟通不畅怎么办?

李刚是负责开发某个软件项目的项目经理。而他的团队总是会因为沟通的不足而只有少数的人干实事,其他的人不监督、不安排就不知道自己该干什么。而少数人做出来的软件模块有时对接不上。

讨论题:

如果你是李刚,你该怎么做?

任务 4.3　沟通的过程

信息沟通是一个过程。信息的沟通就是信息在发送者和接受者之间传递,中间要经历一系列环节。信息在传递的过程中还会受到噪声的影响。所谓噪声,就是指信息在传递过程中的干扰因素,如难辨认的字、周围的背景噪音、他人的打断等。信息沟通的过程如图 4-3 所示。

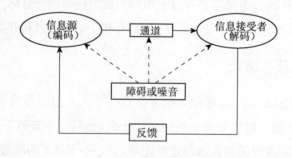

图 4-3　信息沟通过程

1)信息源

即信息的发送者或信息来源。发信者的动机、态度及其可靠性对沟通效果有重要作用。可以解决"谁是沟通的主体"、"信息是从哪里发出来的"、"信息是否可靠"等问题。

2) 接受者

即接受信息的人,沟通的客体。对这一要素,要考虑的问题包括:是什么沟通背景促使他们接受和理解这些信息?他们对发信者的建议是积极的还是消极的?哪些是主要听众,哪些是次要听众?等等。

3) 编码

信息发送者将信息转化为可以传递的某种信号形式。

4) 解码

指接受者将接收到的信号翻译成可以理解的形式,是接受者对信息的理解和解释。

5) 通道

是发送者把信息传递到接受者那里所借助的手段,如面试、电话、会议、政策条例、计算机网络、工作日程等。

6) 噪音

这是影响接收、理解和准确解释信息的障碍。根据噪音的来源,噪音可以分为三种形式:外部噪音、内部噪音和语义噪音。外部噪音来源于环境,内部噪音发生在沟通的主体身上,语义噪音是由于人们对词语感情上的拒绝反应引起的。

7) 反馈

指接受者把信息返回给信息的发送者,通过反馈可以确定发送的信息是否被正确理解。

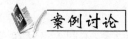
案例讨论

秀才买柴

有一个秀才去买柴。他对卖柴的人说:"荷薪者过来!"卖柴的人虽然是一个大老粗,听不懂"荷薪者"(担柴人)三个字,但是听懂了"过来"两个字,于是把柴担到秀才面前。秀才问:"其价如何?"卖柴人听不太懂这句话,但是听得懂"价"这个字,于是就告诉秀才价钱。秀才接着说:"外实而内虚,烟多而焰少,请损之。"(你的木材外表是干的,里面却是湿的,燃烧起来,会浓烟多而火焰小,请减些价钱吧。)卖柴人听不懂秀才的话,担着柴就走了。

讨论题:

秀才为什么没有买到柴?他要如何做才能改变这种局面?

任务4.4　克服沟通障碍

从信息发送者到接受者的沟通过程并非都是畅通无阻的,沟通过程中经常存在这样或那样的障碍,从而导致沟通失败或无法实现沟通的目的。沟通中的障碍,是指导致信息在传递过程中的失真、错误或丢失的各种因素,其中既有发送者与接受者的问题,也有编码与解码的问题,还有渠道、噪音及反馈的问题。可以说,沟通障碍存在于沟通过程中的各个环节。

1)造成沟通中的障碍因素

(1)地位障碍:由于阶级、政治、宗教、职业的不同而形成不同的意识、价值观和道德标准,使人们对同一信息会有完全不同的解释,从而带来沟通障碍。首先从沟通方向来看,由上而下的沟通和由下而上的沟通看似为一类沟通的两个方向,实质却大有不同。因为地位上存在的差异会产生一些微妙的心理变化。例如,下级在向上级汇报工作或主动沟通时,常常带有担心说错、怕承担责任、焦虑等心理,从而使沟通不畅,形成沟通障碍。而在上级管理者向下沟通的过程中,有时会居高临下,给下属造成紧张和压迫感,从而也会形成障碍沟通。其次从专业术语使用上看,不同职业的人在沟通中常有"隔行如隔山"的困扰。每个人都会有意或无意地炫耀自己的专业素养,在讲话的时候,往往会不自觉地冒出一些专业术语,因此造成沟通障碍。

(2)组织结构障碍:组织结构过于庞大,中间层次繁多,必然加大人们之间的距离。沟通渠道过长,不仅会造成信息的流失和失真,还会影响传递速度,反馈也比较慢,沟通效率大大降低。沟通渠道阻塞,也会导致信息无法有效传递。

(3)语言障碍:现代交往中,对于同一事物,不同行业有不同的要求;不同人员站在不同的角度,看到的问题也会不同。同一件事情,有人表达得很清楚,有的人则表达不清楚;有人这样理解,有人那样理解。组织成员中常有不同的说话方式和做事风格,因而对同一件事情也会有不同的认识。因此,单纯利用语言表达思想和事物有很大的局限性,尤其在脱离沟通的语言情境时,有可能理解不正确。

(4)心理障碍:心理障碍主要是指由于人们不同的个性倾向和个性心理特征所造

成的沟通障碍。需求和动机的不同、兴趣和爱好的差异等都会造成人们对同一信息有不同的理解。此外，沟通双方缺乏和谐的心理关系，某一方或双方存在人格缺陷，都会对沟通产生不良的影响。例如，一个业绩很差的人做工作经验交流报告，大家只会觉得可笑，而不会认真听他讲些什么。同样的信息，由不同的人传达，效果大不一样。有时恐惧心理容易对信息做出极端的理解。

（5）文化习俗差异障碍：首先，思维方式因人而异，来自不同文化背景的人之间差别更大。例如，中国人见面习惯问"你吃了吗？干什么去？"这对于我们很正常，而西方人却有可能认为这是多管闲事、不礼貌，甚至认为侵犯了他们的隐私，造成沟通障碍。例如，点头在多数国家表示同意，而在印度却截然不同，点头表示不同意，摇头表示同意。

2) 有效沟通的障碍及改善

所谓有效沟通，简单地说就是传递和交流信息的可靠性和准确性高，它表明了组织对内外噪音的抵抗能力。在沟通过程中，信息发送者、沟通渠道、信息接收者三个环节都可能出现沟通障碍，为了提高沟通效率，必须设法克服这些障碍因素的消极影响。

（1）发送者的沟通障碍及改善：在沟通过程中，信息发送者的情绪、倾向、个人感受、表达能力、判断力等都会影响信息的完整传递。障碍主要表现在：表达能力不佳，信息传送不全，信息传递不及时或不适时，知识经验的局限，对信息的过滤。

因此，沟通中信息发送者应注意：要有认真的准备和明确的目的性；正确选择信息传递的方式；沟通的内容要准确和完整；信息发布者要努力缩短与信息接受者之间的心理距离，利用"自己人效应"；沟通者要注意运用沟通的技巧，如利用"名人效应"。

（2）沟通通道障碍及改善：沟通通道的问题也会影响到沟通的效果。沟通通道障碍主要有以下几个方面：①选择沟通媒介不当：比如对于重要事情而言，口头传达效果较差，因为接受者会认为"口说无凭"、"随便说说"而不加重视。②渠道媒介相互冲突：当信息用几种形式传送时，如果相互之间不协调，会使接受者难以理解传递的信息内容。如领导表扬下属时面部表情很严肃甚至皱着眉头，就会让下属感到迷惑。③沟通渠道过长：组织机构庞大，内部层次多，从最高层传递信息到最低层，从低层汇总情况到最高层，中间环节太多，容易使信息损失较大。④外部干扰：信息沟通过程中经常会受到自然界各种物理噪音、机器故障的影响或被另外事物干扰，也会因双方距离太远而沟通不便，影响沟通效果。

沟通中应注意以下几点：尽量减少沟通的中间环节，缩短信息的传递链；充分运用现代信息技术，提高沟通的速度、广度和宣传效果；避免信息传递过程中的噪音干扰。

（3）信息接受者的障碍及改善：从信息接受者的角度看，影响信息沟通的因素主要有四个方面:信息译码不准确,对信息的筛选,对信息的承受力,心理上的障碍,过早地评价情绪。

因此,信息接受者应注意:要以正确的态度去接收信息;要学会"倾听"的艺术。有效地倾听不仅能更好地掌握许多有用的信息和资料,同时也体现了对信息发送者的尊重和支持。心理学家戴维斯提出了有效聆听的十大要点:少讲多听,不要打断对方的讲话;交谈轻松、舒适,消除拘谨不安情绪;表示有交谈的兴趣,不要冷淡或不耐烦;尽可能排除外界干扰;站在对方立场上考虑问题,表现出对对方的同情心;要有耐性,不要插话;要控制情绪,保持冷静;不要妄加批评和争论;提出问题,以显示自己的充分聆听和求甚解的心理;少讲多听,关心事物的原本状态。

 案例讨论

吉拉德的经历

吉拉德是美国汽车销售大王,他讲了一件自己亲身经历的卖车经历:一次,吉拉德向一位顾客推销汽车,过程十分顺利,谈妥生意,顾客开始很骄傲地谈起考上密歇根大学的儿子。这时,另一位推销员跟吉拉德谈起昨天的篮球赛。吉拉德一边津津有味地和同事说笑,一边伸手去接车款,不料顾客却突然掉头而去,连车也不买了。吉拉德冥思苦想了一天,仍不明白客户为什么对已经挑选好的汽车突然放弃了。夜里11点,他终于忍不住给客户打了一个电话,问清了原委。

讨论题:

请问你知道是什么原因促使顾客改变主意吗?

任务5 有 效 激 励

组织中的任何活动都需要由人来进行。充分调动人的积极性,最大限度地挖掘人的潜力,是组织管理的目标之一。在现实中,影响人工作行为表现的因素是多种多样的,如社会环境、工作条件、技术设备等客观条件,以及教育、训练、知识经验积累和先天素质等。其中最重要、影响最大的是人的能力和心理因素。能力是做好工作的基本前提,但是一个有能力而没有工作积极性的人是不会有良好的行为表现的。激励是管理学中一项非常重要的研究内容,通过激励可以使下属充分发挥其潜能,从而保持工作的有效性和高效性。美国心理学家研究表明:一个人在没有任何激励的情况下,其能力只能发挥20%～30%,如果能充分调动他们的积极性,其潜能就能发挥75%～90%。将这两者之间的差额用于提高劳动效率,效果将非常可观,这就必须依靠有效激励。

任务5.1 激励的概念、作用和模型

1) 激励的概念

"激励"一词是心理学上的术语,是指激发人的行为动机的心理过程,即通过各种客观因素的刺激,引发和增加人的行为的内在驱动力,即内驱力,使人达到一种兴奋的状态,从而把外部的刺激内化为个人的自觉行动。从狭义上讲,激励就是一种刺激,是促进行为的手段。适当的、健康的外部刺激可以使个人的行为总是处于完成目标高度的激活状态,从而最大限度地发挥人的潜力,去实现组织的目标。

员工激励是指通过各种有效的激励手段,激发员工的需求、动机、欲望,形成某一特定目标,并在追求这一目标的过程中保持高昂的情绪和持续的积极状态,发挥潜力,达到预期的目标。从这一表述可知,激励过程应该包括:目标;追求目标的积极性和能力投入;激励手段。这三者是密切联系的统一过程。目标的形成有赖于一定的刺激,人的能力的发挥也有赖于外界的刺激,而激励正是起这种刺激的作用。激励是通过满足人

的某种需求期望而实现的。人存在或可能存在某种需求期望,这是激励的心理基础。如果一个人没有任何需求期望,那么任何刺激对他都将不起作用。一定的刺激作用于具有某种需求期望的个人,引起实际反应,从而达到提高努力强度的作用。不同的人有不同的需求时期,同一个人在不同时期的需求期望也不同。如果一定的刺激因素不断重复使用,激励效力就会降低,很难使人保持持续的积极状态。因此,在组织管理过程中,要加强激励的研究,以便针对不同的需求期望,灵活地运用不同的刺激素。

2) 激励的作用

激励是与人的行为过程紧密联系在一起的,激励效果通过人的行为表现及效果来测定。激励水平高,人的行为表现越积极,行为效果也就越好。现代管理高度重视激励问题,一个管理者如果不懂得激励员工,是无法实现组织目标的。激励在组织管理中发挥着十分重要的作用。

(1) 有利于激发和调动员工的积极性:积极性是员工在工作时的一种能动、自觉的心理和行动状态。这种状态可以促使员工努力工作和充分地释放体能,并导致一系列积极的行为,如提高劳动效率、超额完成任务、良好的工作态度等。

(2) 有助于增强组织的凝聚力:任何组织都是由各个个体、工作群体及各种非正式群体组成的有机结构。为保证组织整体能够有效、协调地运转,除了必要的、良好的组织结构和严格的规章制度外,还需运用激励的方法,分别满足他们的物质、精神、爱好、社交等多方面的需求,以鼓舞员工的士气,协调人际关系,进而增强组织的凝聚力和向心力,促进各部门、各单位之间的密切合作。

(3) 有助于将员工的个人目标与组织目标统一起来:个人目标及个人利益是员工行为的基本动力,他们与组织的目标有时是一致的,有时是不一致的。当两者发生背离时,个人目标往往会干扰组织目标的实现。激励的功能是以个人利益和需求的满足为前提,引导员工把个人目标统一于组织的整体目标,激发员工为完成工作任务作出贡献,从而促使个人目标与组织整体目标的共同实现。

(4) 造就良性的竞争环境:科学的激励制度包含有一种竞争精神,它的运行能够创造出一种良性的竞争环境,进而形成良性的竞争机制。在具有竞争性的环境中,组织成员就会收到环境的压力,这种压力将转变为员工努力工作的动力。正如麦格雷戈所说:"个人与个人之间的竞争,才是激励的主要来源之一。"在这里,员工工作的动力和积极性成了激励工作的间接结果。

(5) 留住企业优秀人才:激励存在于人力资源管理的每一个环节,每一个环节又都体现员工的价值,让员工感到下一步还有新的机会。当员工技术发展到顶尖,企业可扩大他的工作范畴,加大工作量,让他的工作具有挑战性,让员工觉得他在公司是海阔天空的,能学到东西,永远没有尽头,还可让他们在相应的岗位上担任行政职务或特级专业技术职务,既让他们感觉到公司对他们的重视,也给他们以事业施展的平台,因此适合的激励使员工对公司的归属感有极大作用。

案例讨论

不要忽视激励的作用

马戏团的猴子正在做精彩的表演,它先是翻了一连串干净利落的筋斗,博得了观众一阵阵的喝彩和掌声,紧接着它又拿起一面铜锣,一面敲一面绕场一周,之后又表演了一套精彩的舞蹈。最后当马戏团的领班要猴子表演套火圈的绝技时,猴子说什么也不肯,引得周围观众的一片嘘声。这时领班从箱子里拿出一根香蕉在猴子面前晃了晃,猴子正要伸手去拿,领班却把香蕉举过头顶,用另一只手指着火圈,示意猴子只要跳过这个火圈就可以享用这根香蕉。猴子搔了搔脑袋,忽然一个纵跃就穿过了火圈,赢得观众一阵长时间的热烈掌声。猴子也从领班手里接过香蕉美美地吃了起来。

讨论题:

马戏团的猴子为什么表演会这么出彩?这对于管理者有什么启示?

3) 综合激励的模式

综合型激励理论是指有综合特性的激励理论,最常见的是波特-劳勒综合激励理论,该理论是由美国心理学家莱曼·波特和爱德华·劳勒在期望理论的基础上引申出来的,可以应用该激励模式对主管人员的激励进行研究。波特和劳勒在 1968 年的《管理态度和成绩》一书中,以工作绩效为中心,对与绩效相关的许多因素进行了一系列相关性研究,并在此基础上提出了一个综合激励模型,如图 4-4 所示。

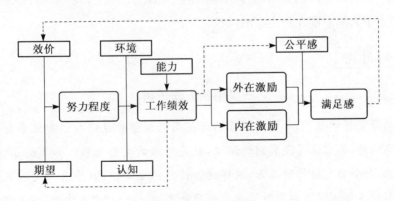

图 4-4 综合激励模型

综合激励模型认为:员工的努力会促进工作绩效提升,工作绩效提升会得到组织奖励,组织奖励会使员工满意,员工感到满意后会继续努力工作,这样就完成了一个绩效管理综合激励循环。但上述这个闭环系统的实现是有条件的,需求各个方面的支撑。

在该模式中,突出四个变量,即努力程度、工作绩效、报酬(激励)和满意感之间的有机联系。把整个激励过程联结为一个有机的整体,由此可以归纳出该模式的几个基本点。

(1) 个人是否努力以及努力的程度不仅仅取决于奖励的价值,而且还受到个人觉察出来的努力和受奖励的期望的影响。个人觉察出来的努力也就是指其认为需求或应当付出的努力,也就是效价。受到奖励的概率是指其对于付出努力之后得到奖励的可能性的期望值。很显然,过去的经验、实际绩效以及激励的价值将对此产生影响。

(2) 个人实际能达到的绩效不仅仅取决于其努力的程度,还受到个人能力的大小以及对任务了解和理解程度深浅的影响。特别是对于比较复杂的任务(如高难技术工作或管理工作),个人能力以及对此项任务的理解较之其实际付出的努力对所能达到绩效的影响更大。

(3) 个人所应得到的奖励应当以其实际达到的工作绩效为价值标准,尽量剔除主观评估因素。要使个人看到,只有努力完成了组织的任务或达到目标,才会受到精神和物质上的奖励。不应先有奖励,后有努力和成果,而应当先有努力和成果,再给予相应的奖励。这样奖励才能成为激励个人努力达到组织目标的有效刺激物。

(4) 个人对于所收到的奖励是否满意以及满意的程度如何,取决于受激励者对所获报酬公平性的感觉。如果受激励者感到不公平,则会导致不满意。

(5) 个人是否满意以及满意的程度将会反馈到其完成下一个任务的努力过程中。满意会导致进一步的努力,而不满意则会导致努力程度的降低甚至离开工作岗位。

综合激励模型告诉我们,激励和绩效之间并不是简单的因果关系。要使激励产生预期的效果,就必须考虑到奖励内容、奖励制度、组织分工、公平考核等一系列的综合性因素,并注意个人满意度在努力中的反馈。

 案例讨论

三星创始人李秉哲

一个向李秉哲学习了 30 多年经营的三星高级经营者说:"人们都说李会长的用兵术是非常高明的,其实他并没有别的秘诀,就是对人的完全信赖。如果他信任你,就会全权委任你,并全力支持你的工作,这样就会使你产生责任感,产生一定要完成任务的意志。"这不能不说体现了李秉哲管理上的独特之处。他的"用人不疑,疑人不用",在多少次困难时期挽救了"三星",李秉哲曾经回忆说:"三星克服严重危机的最大力量,是信赖我并忠于职守的社员的团结精神和爱社精神。"

李秉哲还经常用各种方式表达他对部属的信任和关心,鼓励他们积极工作。他常在各种场合对他信任的经营者给予高度评价。在一次社长会议上,李秉哲关心地对一位社长说:"你的嘴唇裂了,看样子很辛苦。"第二天他就把配好的补药通过秘书室转给了那位社长。

有了这样关心下属的社长,"三星"的成功也就不足为奇了。

讨论题:

李秉哲为什么会成功?体现在哪里?

任务5.2 激 励 理 论

激励就是通过影响员工需求的实现来提高他们工作的积极性,引导他们在组织中的行为,以利于组织目标的实现。因此西方管理学界对激励理论的研究多数是围绕着人类的需求的实现及其特点的识别以及如何根据需求的类型和特点的不同来采取措施以影响他们的行为而展开的。根据这些理论的不同特征,可以分为内容型激励理论、过程型激励理论和强化型激励。

1) 内容型激励理论

内容型激励理论主旨是确定有哪些因素能够促使员工努力工作,并根据这些因素设计并实施相应的措施和手段,从而达到激励的目的。由于该类理论主要研究人的需求、需求结构、需求层次以及如何满足需求的问题,故而又被称为需求理论。

(1) 马斯洛——需求层次论:马斯洛,美国著名的心理学家,人本主义心理学的创始人。他根据多年的研究成果,于1943年提出该理论。他认为人是有需求的动物,其需求取决于他已经得到了什么,还缺少什么,只有尚未满足的需求才能影响他的行为,即已经满足的需求就失去了激励的作用;人类的需求是有层次之分的,当一个层次的需求满足后,另一个层次的需求才会出现。他把人类的需求由低到高归结为五种需求:

① 生理需求:生理需求是人的最基本的需求,在各层次需求中居于基础地位,是维持生命所必需的。包括人们的衣、食、住、行。该需求得不到满足,也就谈不上其他的需求。只有生理需求得到满足了,人们才会关注更高层次的需求,即所谓"仓廪实而知礼节,衣食足而知荣辱"。

② 安全需求:安全需求分为两类:一是对现在安全的需求,即要求现在生活的各个方面都有保证,如人身安全、工作安全、情感安全等;二是对未来安全的需求,即期望未来的生活有保障,如将来老、弱、病、残的生活保障等。

③ 社交需求：也称归属需求：人是社会动物，是社会关系的总和，任何人都不可能孤立地生存和工作，总希望与别人交往，在交往中受到关注、接纳、关心、友爱等，要求在感情上有所归属。因此工作的场所也是人们进行社交活动、建立友谊、获得归属感的场所。

④ 尊重需求：人们并不仅仅满足于作为组织的一员，总是希望自己的重要性得到认可，希望自己的成就、人品、才能等得到较高的评价；希望自己拥有一定的声望，有一定的影响力。如晋升、领导的认可等都能满足自尊的需求。

⑤ 自我实现需求：这是最高层次的需求，在上述需求满足后，这个需求就突显了。自我实现的需求就是要求事业上有所建树、最大限度地发挥自己的才能，实现自己的理想和抱负等。该需求通常表现在胜任感和成就感两个方面。

马斯洛认为这五个需求是有层次之分的，分为较低层次需求（生理需求、安全需求）和较高层次需求（社交需求、尊重需求和自我实现需求）。人在不同的时期其需求是不同的，在同一时期也有不同的需求，在各种需求中，只有占主导地位的需求才能支配人的行为。

（2）赫茨伯格——双因素理论：这一理论是美国心理学家赫茨伯格在20世纪50年代后期提出来的。他在大量调查研究基础上，发现在对员工激励的问题上，有直接的因素和非直接的因素，因而提出了"激励-保健理论"，又叫双因素理论，是在马斯洛的需求层次论的基础之上提出的。赫茨伯格首先修正了传统的关于满意与不满意的观点，认为满意的对立面是没有满意，不满意的对立面是没有不满意。在工作过程中有两类因素起作用：

① 保健因素：也称为环境因素，这些因素是与工作环境或条件有关的，能防止人们产生不满意感的一类因素，主要包括除工作本身之外的外界环境因素，如公司政策、人际关系、监督、工作环境、薪金、地位等。当保健因素不健全时，人们就会产生不满意感。但保健因素仅仅可以消除工作中的不满意，却无法增加人们对工作的满意感，所以这些因素是无法起到激励作用的。

② 激励因素：这些因素是与工作本身或工作内容有关的，能促使人们产生工作满意感的一类因素，是高层次的需求，包括工作本身的挑战性、工作成就的认可、工作责任、晋升等。当激励因素缺乏时，人们就会缺乏进取心，对工作无所谓，但一旦具备了激励因素，员工则会感觉到强大的激励力量而产生对工作的满意感，所以只有这类因素才能真正激励员工。

因此，赫茨伯格认为，作为管理者，首先要保证员工在保健因素方面的满足，要给员工提供适当的工资和安全，改善他们的工作环境与条件，对他们的监督要能被他们接收，否则就会引起他们的不满。但即使满足了保健因素，也不能产生直接激励的效果。

因此,管理者必须充分重视利用激励方面的因素,为员工提供具有挑战性的工作,扩大其工作责任范围和独立自主性,工作内容要丰富化,为其出成绩、做贡献提供机会和条件,不断地激励他们进步和发展。

(3) 麦克利兰——成就需求理论:麦克利兰是美国哈佛大学的教授,他于20世纪50年代提出该理论。麦氏认为,人有三种基本的需求:归属需求、权力需求和成就需求。这些需求并不是先天的本能欲求,而是通过后天的学习获得的。

① 归属需求:即建立友好和亲密的人际关系的愿望。具有高度归属需求的人,比较注重与他人保持一种融洽的社会关系,渴望他人的喜爱和接纳,喜欢与他人保持密切友好的关系和相互的理解与沟通,并且更喜欢合作而非竞争的环境。

② 权力需求:即控制他人的愿望和驱动力。具有较高权力需求的人喜欢承担责任,并努力影响他人,喜欢置身于具有竞争性的工作环境中和工作岗位上。与有效的绩效相比,他们更关心自己的威望和影响力。他们往往能言善辩、头脑冷静、喜欢演讲、爱教训别人。

③ 成就需求:即把事情做得更好,追求成功的愿望。具有成就需求的人,他们有强烈的求得成功的愿望,也有同样强烈的对失败的恐惧。他们渴望挑战,爱为自己设置一些有一定的难度但经过努力能够实现的目标。他们追求的往往是成功本身,而不是成功后的奖赏与报酬。

经过研究,麦氏认为具有高成就需求的人,他们力求把事情做得更好,而且往往做得更好;他们喜欢具有个人责任、能够获得工作反馈和适度冒险精神的环境;高成就需求的人并不一定是一个优秀的管理者;归属需求和权力需求与管理者的成功密切相关。

2) 过程型激励理论

过程型激励理论主要研究对人们行为起决定作用的某些关键因素,弄清它们之间的相互关系,并在此基础上预测或控制人的行为。

(1) 弗鲁姆——期望理论:弗鲁姆,美国心理学家,于1964年提出该理论。人们在采取一定的行为之前,总是要对自己行为所指向的目标的价值及成功的概率进行一番估计。当他认为行为指向的目的物正是自己所期望的,对自己的价值较大时,其行动的激发力量就会增大;反之,则相反。同时,当他估计到自己的行为成功的可能性较大时,其激发力量也会增大;反之,如果成功的概率微乎其微或者根本不可能,那么他的激发力量也就微乎其微或者为零。用公式表示如下:

$$M = E \times V (激发力量 = 估计概率 \times 目标效价)$$

其中:M——激发力量,即行为的努力程度;

E——估计概率,即成功的可能性的大小;

V——目标效价,即目的物对于行动主体的价值的大小。

可以看出,V 和 E 任何一个出现其值小的情况,则 M 的值都将变小。

根据该理论,在实际管理中,须处理好以下几个方面的关系:

① 努力—绩效:只有当预期达到目标的概率较高时,才能激发很强的工作力量。人总是希望通过一定的努力能够达到预期的目标,如果个人主观认为通过自己的努力达到预期目标的概率较高,就会有信心,就可能激发出很强的工作力量;如果他认为目标太高,通过努力也不会有很好的绩效时,就失去了内在的动力,导致工作消极。

② 绩效—奖励:只有预期完成绩效能获得奖励时,人才有较高的工作热情。这种奖励是广义的,既包括提高工资、多发奖金等物质方面的奖励,也包括表扬、自我成就感、同事们的信赖、个人威望等精神方面的奖励,还包括物质与精神兼而有之的奖励。

③ 奖励—个人目标:如果获得奖励正是个人所期望的,即对个人的价值较大,则激发的工作力量也较大。然而由于人们在年龄、性别、资历、社会地位和经济条件等方面存在差异,他们对各种需求得到的满足程度不同。所以,对不同的人采用同一种奖励时,他们所获得满足的程度不同,所激发出来的工作动力也不相同。

(2) 亚当斯——公平理论:亚当斯,美国心理学家,于 1963 年提出该理论,也称社会比较理论。该理论主要讨论报酬的公平性对人的工作积极性的影响,即人除了关注自己报酬的绝对量外,还关注与相关的他人的报酬相比较的相对量。

这种理论的心理依据是:人的知觉对于人的动机的影响关系很大。他指出,一个人不仅关心自己所得所失本身,而且还关心与别人所得所失的关系。人们是以相对付出和相对报酬去全面衡量自己得失的。如果得失比例和他人相比大致相当时,就会心理平衡,认为公平合理而心情舒畅。比别人高则令其兴奋,最有效激励,但有时过高会带来心虚,不安全感剧增。反之,心里不平衡,甚至工作不努力。因此,分配合理性是激发人在组织中工作动机的因素和动力。

公平理论可以用公平关系式来表示。设当事人 A 和被比较对象 B,则当 A 感觉到公平时有下式成立:

$$OP/IP = OC/IC$$

其中:OP——自己对所获报酬的感觉;

OC——自己对他人所获报酬的感觉;

IP——自己对个人所作投入的感觉;

IC——自己对他人所作投入的感觉。

当上式为不等式时,也可能出现以下两种情况:

① $OP/IP<OC/IC$

在这种情况下,他可能要求增加自己的收入或减小自己今后的努力程度,以便使左方增大,趋于相等;第二种办法是他可能要求组织减少比较对象的收入或者让其今后增大努力程度以便使右方减小,趋于相等。此外,他还可能另外找人作为比较对象,以便达到心理上的平衡。

② $OP/IP>OC/IC$

在这种情况下,他可能要求减少自己的报酬或在开始时主动多做些工作,但久而久之,他会重新估计自己的技术和工作情况,终于觉得他确实应当得到那么高的待遇,于是投入程度便又会回到过去的水平了。

纵向比较,即人们还会与自己的过去相比较。比较的结果与横向比较相类似,不再赘述。

3) 激励强化理论

(1) 斯金纳——强化理论:斯金纳,美国心理学家,于20世纪70年代提出该理论。该理论来源于对动物的训练。人们为了实现自己的目标,就必须采取一定的行为。行为产生结果,结果作用于环境,环境对结果做出评价。该评价对人以后的行为产生影响,好的评价会加强该行为,使其重复出现;不好的评价或者不进行评价,则该行为将会减弱甚至消失。环境所起的就是强化的作用。

强化有正负之分。在组织管理上,对于积极的、符合组织目标的行为进行奖赏,即是正强化,如奖金、表扬、提升、改善工作关系等。受到正强化的行为得到加强,就会重复出现,从而有利于组织目标的实现。对于那些消极的、与组织目标偏离或者背道而驰的行为进行惩罚是负强化,如克扣奖金、批评、降级等。消极的行为得到负强化,就会减弱或消失。两种强化的目的是一致的,但实践表明,正强化的作用更加明显。强化时,还须注意其时间间隔和频率。工作的性质、难度、风险程度等对强化的时间间隔和频率的要求不同,其强化的效果也有较大差异。有的需要连续性的、即时的强化,有的则需要固定的时间间隔的强化。

(2) 海德——归因理论:归因理论最早是由美国心理学家海德发展起来的。该理论主要解决的是日常生活中人们如何找出事件的原因。海德认为人有两种强烈的需求动机:一是形成对周围环境一贯性理解的需求;二是控制环境的需求。而要满足这两个需求,人们必须有能力预测他人将如何行动。因此海德指出,每个人(不只是心理学家)都试图解释别人的行为,并都具有针对他人行为的理论。

归因理论认为，人们的行为成功或是失败主要归于四个因素：努力、能力、任务难度和机遇。这四个因素可以按内外因、稳定性与可控性三个维度来划分：从内外原因方面看，努力和能力属于内部因素，而任务难度和机遇属于外部因素；从稳定性来看，能力和任务难度属于稳定因素，努力和机遇属于不稳定因素；从可控制性来看，努力是可控制因素，任务、难度和机遇是不以人的意志为转移的。研究表明，人们把成功和失败归因于何种因素，对今后工作的积极性有很大影响。

如果把失败的原因归结为相对稳定的因素、可控的因素或者内部因素，就容易使人不再坚持努力行为；相反，如果把失败的原因归结为相对不稳定的因素、不可控的因素或外部因素，则人们比较容易继续保持努力行为。如果员工感到主要受内因控制，他们会觉得可以通过自己的努力、能力或技巧来影响行为的结果；当员工感到主要受外因控制，他们会觉得行为的结果非自己所能控制，而是受到外力的摆布，正是这种被感知的控制，会对人民的满足和绩效带来不同的影响。

以上对中外管理学界广为流传的几种激励理论进行了简要的描述，但并未对其进行评价。需求指出的是，任何一种理论都不可能放之四海而皆准，任何一种理论都有其适用的范围及对象。同样，任何一种理论，由于社会历史背景的差异以及创造者自身的原因，都有它的局限性及这样那样的不足。但这并不能否认各种激励理论的价值所在，各种理论都从不同的角度提出了自己关于激发人的积极性的理论观点，这些观点都是创造性的，都是管理理论宝库中的重要组成部分。基于激励理论的多样性，要求管理者在实际的管理实践中，不要局限于一家之说、一方之言，要创造性地综合运用多家理论，积极利用其合理的部分，防止其不足的地方对管理实践的消极影响，从而切实达到激发员工的积极性，顺利实现组织的目标。

 案例讨论

金香蕉奖

美国一家名为福克斯波罗的公司，专门生产精密仪器设备等高技术产品。在创业初期，一次在技术改造上碰到了若不及时解决就会影响企业生存的难题。一天晚上，正当公司总裁为此冥思苦想时，一位科学家闯进办公室阐述他的解决办法。总裁听罢，觉得其构思确实非同一般，便想立即给予其嘉奖。他在抽屉中翻找了好一阵，最后拿着一件东西躬身递给科学家说："这个给你！"这东西非金非银，而仅仅是一只香蕉。这是他当时所能找到的唯一奖品了，而科学家也为此感动。因为这表示他所取得的成果已得到了领导人的承认。从此以后，该公司授予攻克重大技术难题的技术人员一只金制香蕉形别针。

讨论题:

从案例中你得到什么启示?

任务5.3 激励实务

由于人的心理、需求和行为的复杂性以及外部环境的多样性,决定了在不同的情形下对不同的人进行激励的复杂性和困难性。同时,激励总是存在一定的风险,所以在制定和实施激励的政策时,一定要谨慎。尽管如此,在管理中仍然有一些共同的激励原则可以遵循和参考。

1)激励的原则

(1)目标原则:在激励机制中,设置目标是一个关键环节。目标设置必须同时体现组织目标和员工的需求。目标既不能过高,也不能过低。过高会使员工的期望值降低,影响积极性,过低则会使目标的激励效果下降。

(2)物质和精神激励相结合的原则:员工存在着物质需求和精神需求,相应的激励方式也应该是物质激励与精神激励相结合。物质激励是基础,精神激励是根本。在两者结合的基础上,逐步过渡到以精神激励为主。在这个问题上,避免走极端,迷信物质激励则导致拜金主义,迷信精神激励则导致唯意志论或精神万能论,事实证明二者都是片面的、有害的。

(3)合理性原则:激励的合理性原则包括两层含义:

① 激励的措施要适度:奖励和惩罚不适度都会影响激励效果,同时增加激励成本。奖励过重会使员工产生骄傲和满足的情绪,失去进一步提高自己的欲望;奖励轻则会起不到激励效果,要根据所实现目标本身的价值大小确定适当的激励量。

② 奖惩要公平:激励应该本着公开、公平、公正。公平性是员工管理中的一个很重要的原则,员工感到的任何不公的待遇都会影响他的工作效率和工作情绪,并且影响激励效果。

(4)时效性原则:要把握激励的时机,"雪中送炭"和"雨后送伞"的效果是不一样的。激励越及时,越有利于将人们的激情推向高潮,使其创造力连续有效地发挥出来。

(5)正负激励相结合的原则:所谓正激励就是对员工的符合组织目标的期望行为进行奖励。所谓负激励就是对员工违背组织目的的非期望行为进行惩罚。正负激励都是必要而有效的,不仅作用于当事人,而且会间接地影响周围其他人。

(6)按需激励原则:激励的起点是满足员工的需求,但员工的需求因人而异、因时而异,并且只有满足最迫切需求(主导需求)的措施,其效价才高,其激励强度才大。因此,领导者必须深入地进行调查研究,不断了解员工需求层次和需求结构的变化趋势,有针对性地采取激励措施,才能收到实效。

2) 激励的方法

有效的激励必须通过适当的激励方式与手段来实现。

(1) 情感激励:情感是人们对客观事物态度的一种反映。它具有两极性:积极的情感可以提高人的活动能力,消极的情感削弱人的活动能力。在工作中,具有积极情感的人通常有积极的心态和进取心,有着较高的工作效率;而具有消极情感的人通常工作效率较低。因此,人力资源管理工作的一项重要内容就是使被管理者尽可能保持积极情感。同样,人力资源管理者也可以运用情感激励的方式来培养带动被管理者的积极情感,消除、抑制消极情感。在进行情感激励时,管理者可以通过交谈等语言激励方式与被管理者沟通,了解被管理者想法、状况,从而对症下药、改善关系。也可以通过非语言形式如动作、手势、姿态等激励员工。无论采取何种方式,管理者本人要具备良好的积极情感,还要使自己处于一种情感移入状态,与被管理者达成情感共融。

(2) 目标激励:目标激励是指通过在组织中全面推行目标管理,增强员工对组织目标的制定、分解、协商和实施措施的制定及其成果评价等的参与意识,从而增强实现组织目标的责任感和积极性。组织目标是组织凝聚力的核心,它体现了职工工作的意义,能够在理想和信念的层次上激励全体职工。

(3) 工作激励:日本著名企业家道山嘉宽在回答"工作的报酬是什么"时指出:"工作的报酬就是工作本身!"这表明工作本身具有激励力量。工作激励是指通过设计合理的工作内容,分配恰当的工作任务来激发员工的内在热情。

按照双因素理论,对人最有效的激励因素来自于工作本身。尤其在今天,当企业解决了员工基本的生存问题之后,员工就更加关注工作本身是否具有乐趣和吸引力,如在工作中是否会感受到生活的意义,工作是否具有挑战性和创造性,工作中能否取得成就、获得自尊等。

(4) 公平激励:公平感是每个被管理者都具有的,当他们在分配上产生公平感时,会心态平和、努力工作,而产生不公平感时则会有思想包袱、满腹怨气,影响工作效率。公平激励就是根据公平的心理规律,在管理中采取各种措施力争做到公平,必须坚持客观、公正、民主和科学,使员工产生公平感,从而调动工作积极性。

(5) 参与激励:以员工参与管理及决策为诱因,激发员工的积极性和创造性。员工参与管理,有利于满足员工的尊重需求,有利于集中群众意见,保证决策的科学性和正确性。参与激励机制通过一系列制度和措施来体现,如自我发展计划、合理化建议、雇员调查、员工评议等,使员工在管理和决策中发挥作用。

(6) 发展性激励:发展性激励就是为组织的成员创造学习与成长的机会,包括设置挑战性的工作任务,提供更多的学习与培训的机会,合适的轮岗安排,职业生涯设计等。职业生涯发展体系通过为组织内成员构建职业开发与职业发展轨道,最大限度地开发个人的潜能并充分发挥其潜力,使之与组织的职业需求相匹配、相协调、相融合,使组织和个人的需求达到最佳的结合,最后达到双赢的结果。

3) 运用激励时注意事项

(1) 准确地把握激励时机:从某种角度来看,激励原则如同化学实验中的催化剂,要根据具体情况决定采用时间。人力资源管理实际中,并不存在一种绝对有效的、时时适宜的激励时机,激励时机的选择是随机制宜的。从事人力资源管理,应根据具体客观条件,灵活地选择激励的时机或采用综合激励的形式,以有效地发挥激励的作用。激励原则在不同时间进行,其作用与效果有很大的区别。根据时间上的快慢差异,激励时机分为及时激励和延时激励。根据时间间隔,可分为规则激励与不规则激励;根据工作周期可分为期前激励、期中激励和期末激励。

(2) 采取相应的激励频率:激励频率是指在一定时间内进行激励的次数,它一般是以一个工作学习周期为其时间单位的。激励频率与激励效果之间并不是简单的正比关系,在某些特殊条件下,两者可能成反比关系。因此,只有区分不同情况,采取相应的激励频率,才能有效发挥激励的作用。激励频率选择受到多种客观因素的制约,包括工作的内容和性质、任务目标的明确程度、激励物件的自身素质、工作学习状况及人际关系等。一般来说,如果工作学习性质比较复杂,任务比较繁重,激励频率应相应提高;对于目标任务比较明确,短期见效的工作,激励频率应当高。在具体的人力资源管理中,应具体情况具体分析,采取恰当的激励频率。

(3) 恰当地运用激励程度:激励程度是激励机制的重要因素之一,与激励效果有极为密切的联系。所谓激励程度是指激励量的大小,即奖赏或惩罚标准的高低。能否恰当地掌握激励程度,直接影响激励作用的发挥,过量激励和不足量激励不但起不到激励的真正作用,有时甚至会起反作用,造成对工作积极性的挫伤。在人力资源管理过程中,如果设定的激励程度偏低,就会使被激励者产生不满足感、失落感,从而丧失继续前进的动力;如果设定的激励程度偏高,又会使被激励者产生过分满足感,感到轻而易举,也会丧失上升的动力。所以要求人力资源管理者从量上把握激励要做到恰如其分,激励程度要适中,超过了一定的限度或不到一定程度,激励的作用就不能得到充分的发挥。

(4) 正确地确定激励方向:所谓激励方向是指激励的针对性,即针对什么样的内容来实施激励。它对激励的效果具有显著的影响作用。根据美国心理学家马斯洛的需求层次理论,当较低层次的需求相对满足以后,较高层次的需求才会出现。这一理论表明,激励方向选择与激励作用的发挥有着非常密切的关系,当某一层次的需求基本得到满足时,激励的作用就难以继续保持,只有把激励方向转移到满足更高层次的需求,才能更有效地达到激励的目的。

 案例讨论

激励原则

A大学毕业后进入了一家中外合资公司做销售工作。他很满意这份工作,因为工资高,还是固定的,不用担心未受过专门训练的自己比不过别人。若拿佣金,比人少得太多就会丢面子。这样倒好,没有压力,可以好好过一阵清闲日子了。

刚上班的头两年,A的工作平平淡淡,销售业绩一般。随着年龄增长、孩子出生,家庭经济压力的增大,他有了一种成就事业的紧迫感。他努力工作改变现状,随着对业务的熟悉和与客户关系的加强,销售额也渐渐上升了,他渐渐感到工作得心应手。到了第三年年底他已位于全公司几十名销售员中前列。对下一年,他很有信心,自己当属推销员中的冠军了。不过该公司的政策是不公布每人的销售额,也不鼓励互相比较。去年,A干得特别出色。尽管定额比前年提高了25%,到了九月初他就完成了这个定额。根据他的观察,同事中间还没有人完成定额。今年,公司又把他的定额提高了25%,他仍是一路领先,比预计干得还好。他根据经验估计,九月前他准能完成自己的定额。

可是他觉得自己的心情并不舒畅。自己拼死干活,工资却没有比以前多多少,也没有得到公司的表扬。他听说本市另两家中外合资化妆品公司都搞销售竞赛和有奖活动,业绩优秀者可以拿到高额的佣金。其中一家是总经理亲自请最佳推销员到大酒店吃一顿饭;而且还有内部通讯小报,公告每人的销售业绩,还评选季度、年度最佳销售员。而最令他烦恼的事,是自己在公司待了这么长时间,一直没有得到提升,同时进公司的同事也大多保持现状,只有与总经理关系最好的一位同事平步青云,几年中已经有好几位同事辞职另谋他就了。他感到在公司的前景特别暗淡。

想到自己公司这套做法,他就特别恼火。其实一开头他并不关心表扬什么的,现在却重视起来了。不仅如此,他开始觉得公司对推销员实行固定工资制是不公平的,一家合资企业怎么也搞大锅饭?应该按劳付酬。

不久前,他主动去找了公司经理,谈了他的想法,建议改为佣金制,至少按业绩发奖金制。不料经理说这是既定政策,拒绝了他的建议。没过几天,A辞职而去,到另一家公司了。

讨论题：

该公司违背了激励的什么原则？你从中得到哪些启发？

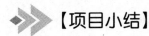【项目小结】

（1）领导是管理的一项重要职能。领导包含领导者和被领导者两个方面；领导的基础是领导者的影响力；领导的目的是为了实现组织的目标。领导在组织中主要发挥指挥、协调和激励的作用。

（2）领导方式及其理论的研究是从领导者的风格和领导者的作用入手，把领导者的行为划分为不同类型。领导者风格包括专制型领导、民主型领导和放任型领导。

（3）领导方格理论是研究企业的领导方式及其有效性的理论，主要从对工作的关心和对人员的关心两个方向分析。权变领导理论认为，有效的领导方式是因情境不同而不同的，即权变。只有与特定情境相适合的领导方式才是有效的，而与特定情境不适合的领导方式往往是无效的。

（4）沟通在管理工作中具有重要作用。沟通包括信息源、编码、沟通渠道、信息接收、解码、反馈等一系列环节；排除沟通障碍及提高沟通的有效性应采取有效的对策。

（5）需求引起动机，动机支配行为，行为又指向一定的目标。了解激励的模式才能更好地提高人的劳动积极性。激励是管理的重要职能，可以有利于激发和调动员工的积极性；有助于增强组织的凝聚力；有助于将员工的个人目标与组织目标统一起来；造就良性的竞争环境；留住企业优秀人才等。

（6）激励理论可以分为内容型、过程型和强化型。本章主要介绍了需求层次论、双因素理论、期望理论、强化理论、公平理论、成就需求理论、归因理论。

（7）在具体实践活动中，合理运用激励原则和方法。

【思考与练习】

◇ 选择题

（1）管理方格图中，"9,9型"对应的是（　　）领导方式。

A. 任务型　　　　B. 乡村俱乐部　　　C. 团队型　　　　D. 贫乏型

（2）领导者的（　　）取决于领导者的知识和技能。

A. 法定权　　　　B. 仿效权　　　　　C. 专长权　　　　D. 奖励权

（3）下列西方管理学家中，提出权变理论的是（　　）。

A. 吉沙利　　　　B. 费德勒　　　　　C. 布莱克　　　　D. 施米特

(4) 需求层次论认为，人的最低层需求是（　　）。
A. 生理需求　　　　B. 安全需求　　　　C. 尊重需求　　　　D. 社交需求
(5) 激励理论可分为内容型激励理论、过程型激励理论和（　　）。
A. 期望型激励理论　　　　　　　　B. 强化型激励理论
C. 成就需求激励理论　　　　　　　D. 双因素激励理论

◇ 简答题

(1) 管理者与领导者的区别与联系是什么？
(2) 需求层次论的主要内容是什么？
(3) 简述领导权力的构成。
(4) 有效沟通的障碍是什么？如何克服？
(5) 激励的方法有哪些？

项目 5

控 制

【学习目标】

☞ **知识目标**

1）了解控制职能的含义,理解管理控制的基本类型。
2）掌握控制的基本程序。
3）掌握现代控制技术和方法。

☞ **能力目标**

1）能对部门实施控制。
2）能运用现代控制方法。

☞ **素质目标**

通过对管理控制理论的学习,以及对实际案例的分析与讨论,具备管理人员的基本素质。

【导入案例】

麦当劳公司的管理控制

麦当劳(McDonald's Corporation，MCD)是全球最大的连锁快餐企业，是由麦当劳兄弟和 Ray Kroc 于 20 世纪 50 年代在美国开创的，以出售汉堡为主的连锁经营的快餐店。

麦当劳的黄金准则是顾客至上，顾客永远第一。提供服务的最高标准是质量(Quality)、服务(Service)、清洁(Cleanliness)和价值(Value)，即 QSC&V 原则。这是最能体现麦当劳特色的重要原则。Quality 是指麦当劳为保障食品品质制定了极其严格的标准。例如，牛肉食品要经过 40 多项品质检查；食品制作后超过一定期限(汉堡包的时限是 10 分钟，炸薯条是 7 分钟)就丢弃不卖；规定肉饼必须由 83% 的肩肉与 17% 的上好五花肉混制；等等。严格的标准使顾客在任何时间、任何地点所品尝的麦当劳食品都是同一品质的。Service 是指按照细心、关心和爱心的原则，提供热情、周到、快捷的服务。Cleanliness 是指麦当劳制定了必须严格遵守的清洁工作标准。Value 代表价值，是后来添加上的准则(原来只有 QSC)，加上 V 是为了进一步传达麦当劳的"向顾客提供更有价值的高品质"的理念。也可以说，QSC&V 原则不仅体现了麦当劳的经营理念，而且因为这些原则有详细严格的量化标准，使其成为所有麦当劳餐厅从业人员的行为规范。

为了使各加盟店都能够达到令消费者满意的服务与标准化，除了上述理念和规范以外，麦当劳公司还建立了严格的检查监督制度。麦当劳体系有三种检查制度：一是常规性月度考评，二是公司总部的检查，三是抽查(在选定的分店每年进行一次)。公司总部统一检查的表格主要有食品制作检查表、柜台工作检查表、全面营运评价表和每月例行考核表等；公司总部的抽查资料有分店的账目、银行账户、月报表、现金库和重要档案等。而对每个分店的一年一次的检查一般主要由地区督导主持，主要检查现金、库存和人员等内容。地区督导常以普通顾客的身份考察食品的新鲜度、温度、味道，地板、天花板、墙壁、桌椅等是否整洁卫生，柜台服务员为顾客服务的态度和速度等。

麦当劳非常重视员工培训，并建立了较完备的培训体系。这为受许人成功经营麦当劳餐厅、塑造"麦当劳"品牌统一形象提供了可靠保障。麦当劳的培训体系是在职培训与脱产培训相结合。脱产培训主要是由位于芝加哥的汉堡包大学(Hamburger University)完成。汉堡包大学是对分店经理和重要职员进行培训的基地。1992 年在北京开办的中国第一家麦当劳餐馆的 4 名管理人员就毕业于汉堡包大学。汉堡包大学提供两种课程的培训：一种是基本操作讲座课程(BOC)，目的是教育学员制作产品的方法、生产及质量管理、营销管理、作业与资料管理和利润管理等；另一种是高级操作讲习课程(AOC)，主要用于培训高层管理人员，其内容包括 QSC&V 的研究、提高利润的方式、房地产、法律、财务分析和人际关系等。

正是麦当劳这种管理控制方法和严格的检查监督制度使得麦当劳得以在世界范围内推广，麦当劳餐厅遍布在全世界六大洲百余个国家，成为全球餐饮业最有价值的品牌。

讨论题：

(1) 麦当劳提出的以 QSC&V 原则为核心内容的公司文化在管理控制中有何作用？

(2) 麦当劳运用了哪些控制手段和方法？

(3) 麦当劳公司的控制在经营管理活动中起到了哪些作用？

任务1 控制职能与控制过程

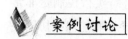

比尔的烦恼

在某大型电子零件批发公司的一家连锁商店里,刚出任经理的比尔正被一些事搞得心烦意乱。店里两位售货员,每天上午轮流去隔壁的自助餐厅喝咖啡。因为少了一个售货员,顾客们对于在店里等候服务已经习以为常。更令人头痛的是,这家零售商店的营业额一直达不到公司的平均水平。当比尔对售货员们谈及这两件事时,他们不屑一顾地答道:"你看看公司付给我们多少工资!你还能要求什么?"

比尔对他们回应道:"在我们讨论工资的事并且谈出点眉目来之前,有一件要紧的事,就是要你们明确知道我对你们的工作有什么要求。让我们来确定三件事:第一,在安排好的上班时间内,谁也不可以离开商店。当然,在你们的午餐时间里,你们爱干什么都行。第二,如果这家商店还要营业,不搬到别处去的话,我们每天的平均销售额应该是1 000美元。总公司的记录表明,每位顾客大约购买5美元的货,那就是说,一天要接待200位顾客。我们是两位售货员当班,平均一下,我要求你们每人每天接待100位顾客。第三,就是你们怎样来接待顾客,我希望你们做到一丝不苟、礼貌周到。他们想了解什么,你们要有问必答。这三件事你们清楚了吗?如果是这样的话,让我们来瞧一瞧你们的工资,看看出了什么毛病,想一想根据我们对这项工作提出的要求,应该干点什么事来跟那工资相称。你们考虑考虑。"

讨论题:

在上面的例子中,顾客服务和营业收入都未能达到预期水平,而员工却在抱怨公司付给他们的工资太少了。到底哪一方面出了问题?

任务1.1 控制职能

1) 控制的含义

(1) 控制的必要性:控制是日常生活中的常见现象。汹涌的大海上,需要依靠舵手的"掌舵术"将偏离航线的船只拉回到正确的航道上,确保平安到达目的地。足球教练在比赛之前给球队制定比赛战术,赛中利用暂停指导队员改变战术,比赛过程中换人和赛后总结获胜、失利的经验教训等,都是为了使球队取得预期的绩效。控制是必要的,控制是使活动达到预期目标的保证。

在现代管理活动中,制订的计划是针对未来的,由于各方面原因,制订的计划不可能完全准确、全面,计划在执行中也会发生变化,因此,为了达到目标,实行控制是非常必要的。控制是管理工作的最重要职能之一,它与计划、组织和领导等职能保持协同关系,与它们共同组成管理系统。控制职能可以有效应对环境的不确定性对组织活动的影响,是保持组织计划与实际运作动态相适应的管理职能。控制可以使复杂的组织活动协调一致地运作,可以避免和减少管理失误造成的损失,防范风险发生和舞弊行为。控制是为保证一个组织的目标实现而采取的各种必要活动中不可缺少的措施。如果没有有效的控制系统,一个社会和组织就会杂乱无章,就会脱离正确的轨道。

在现代社会中,竞争日趋激烈,组织所处的内外部环境是一个复杂、多变而不稳定的环境。一个组织如果没有一个有效的控制系统,就不可能适应环境的变化,就有可能导致原有计划的失败,使既定的目标不能实现。许多组织感到难以通过计划来控制计划期内的管理活动,不时发出"计划赶不上变化"的感慨和抱怨,其实这种问题的产生不能简单地归咎于环境变化太快,可能与组织对管理控制理论理解不够充分、应用不够灵活有更大的关系。所有组织都应该实施管理控制,一些成功的组织将强化管理控制作为秘招;也有些组织由于忽视、漠视管理控制,造成巨大亏损以致破产,如"毒大米"、"苏丹红"、"三聚氰胺"、"瘦肉精"和"牛肉膏"等事件,均暴露出某些组织在整个生产管理上对管理控制缺失的问题。

企业在开展生产经营活动时,由于受外部环境和内部条件变化的影响,实际执行结果与预期目标不完全一致的情况是时常发生的。对管理者来讲,重要的问题不是工作有无偏差,或者是否可能出现偏差,而在于能否及时发现已出现的偏差或预见到潜在的偏差,采取措施予以预防和纠正,以确保组织的各项活动能够正常进行,组织预定的目标能够顺利实现。

(2)控制的概念:"控制"一词的出现,可以追溯到很久以前。早在古希腊时期,柏拉图(Plato)就使用了"控制论"这个词,该词原意是"掌舵的技术",是指领航者通过发号施令将偏离航线的船只拉回到正常的轨道上来。由此可以说,控制概念的最核心含义就是维持朝向目的地的航向,或者说维持到达目标的正确行动路线。古代的控制思想和实践主要是关于自动机械的思想和实践。据史料记载,早在2 000多年前的中国就已经有了自动计时的"铜壶滴漏"装置(时间控制)以及自动定向的"指南车"了。近代的控制大多应用于机械化大生产基础上的自动调速技术等领域。而在现代,控制则向自动化、智能化方向发展了。

控制是管理工作过程中一项不可缺少的职能,其定义最早是由法约尔确定的。他曾经说过:"在一个企业中,控制就是核实所发生的每一件事是否符合所规定的计划、所发布的指示以及所确定的原则,其目的就是要指出计划实施过程中的缺点和错误,以便加以纠正和防止重犯。控制对每件事、每个人、每个行动都起作用。"由此可见,控制应该贯串计划实施的每个阶段、每个部门,所以每个管理者都有控制职责。

基于以上这种认识,古典管理理论认为,控制是指管理人员为保证实际工作能与计划一致而采取的一切行动。按照这一观点,控制职能包括为组织配备得力的管理人员,挑选和安排合格的职工,伴之以奖励和制裁等措施。所有的管理者都应当承担控制的职能,即使他的部门是完全按照计划行动着的。因为管理者对已经完成的工作与计划所应达到的标准进行比较之前,并不知道部门的工作是否运行正常。一个有效的控制系统可以保证各项行动完成的方向是朝着组织目标进行的。确定控制系统的有效性的准则就是,看它在促进组织目标实现中是否发挥了应有的作用。控制系统越是完善,管理者实现组织的目标就越是容易。

现代管理理论认为,控制一词具有多重含义,主要包括:限制或抑制,指导或命令,核对或验证。这三个方面对一个组织或其管理过程都是重要的,是广义的;但狭义地讲,侧重在核对或验证,是使组织业务活动的绩效与达到目的或目标所要求的条件相匹配的控制。因此,可以说控制就是按照计划标准衡量计划的完成情况,纠正计划执行过程中的偏差,确保计划目标的实现。从现代管理学角度来说,控制就是"纠偏"。它还应该能促使管理者在适当的时候对原定的控制标准和目标做适当的修改,以便把不符合客观需要的活动拉回到正确的轨道上来。这种导致控制标准和目标发生偏差的行动简称为"调适",这种"调适"是现代意义下企业控制工作的有机组成部分。

理解控制的概念,需要掌握以下几点:

① 控制是管理过程的一个阶段,它将组织的活动维持在允许的限度内,它的标准来自人民的期望。这些期望可以通过目标、指示、计划、程度或规章制度的形式含蓄地或明确地表达出来。从广义上讲,控制的职能是使系统以一种比较可靠的、可信的、经济的方式进行活动。而从实质上讲,控制必须同核对或验证联系起来,这样才有可能根据由计划过程事先确定的标准来衡量实际的工作。

② 控制是一个发现问题、分析问题、解决问题的全过程。组织开展业务活动,由于受外部环境、内部条件变化和个人认识问题、解决问题能力的限制,经常会出现结果与目标产生偏差的现象。对于管理者来说,需要及时发现这样的问题,采取恰当的措施,从而保证业务活动的顺利进行。

③ 控制职能的完成需要一个科学的程序。要实施控制,需要三个基本步骤,即确

立标准、测量实绩与界定偏差以及矫正偏差。没有标准就不可能有衡量实际成绩的根据;没有比较就无法知道实施的好坏;不规定纠正偏差的措施,整个控制过程就会成为毫无意义的活动。因而,控制职能的三个基本步骤,需要建立在有效的信息系统之上。

④ 控制要有成效,必须具备以下要素:有可衡量性和可控制性,人们可以据此来了解标准;有衡量这种特性的方法;有一种用来比较实际结果和计划结果,并评价两者之间差别的方法;有一种调控系统以保证必要时调整已知标准的方法。

⑤ 控制的目的是使组织管理系统以更加符合需要的方式运行,使它更加可靠、更加便利、更加经济。因此,控制所关心的不仅是与完成组织目标有直接关系的时间,而且还要使组织管理系统维持在一种能充分发挥其职能以达到这些目标的状态。

(3) 计划与控制的关系:所谓控制,从其最传统意义上说,就是按照计划标准来衡量所取得的成果并纠正所发生的偏差,以确保计划目标的实现。

控制与计划既互相区别,又紧密相连。计划为控制工作提供标准,没有计划,控制也就没有依据。但如果只编制计划,不对其执行情况进行控制,计划目标就很难得到圆满实现。控制与计划两职能之间的关系不仅体现在计划提供控制标准而控制确保计划实现这一"前提"与"手段"的关系上,有些计划本身的作用就已具有控制的意义。如政策、程序和规则,它们在规定人们行动准则的同时,也对人的行为产生极大的制约作用。又如,预算和进度表等形式的计划,它们既作为计划工作的一个重要组成部分而得到编制,同时又可以直接成为一种有效的控制工具。可见,某些计划形式实际上涵盖了控制的内容。另一方面,广义的控制职能实际上也包含了对计划的修改和重定。计划在执行过程中产生结果与目标之间的偏差,其原因除了执行不力外,还可能是计划之初对外部环境和内部条件估计失误,造成了目标设定过高或过低,或者是计划执行中所面临的内外环境条件出现了重大变化,导致目标脱离现实,这时,改变计划本身就是控制工作的一大任务。

2) 控制的作用

就整个企业组织而言,控制工作所发挥的作用可以归纳为两大方面:

(1) 防止和纠正偏差的发生,使计划执行结果符合计划目标的要求,这是控制确保组织稳定运行的作用。

(2) 修改原定计划或重新制订新的计划,通过积极调整计划目标来保证组织对内外环境的适应性,这是控制确保组织的应变能力的作用。

客户服务质量控制

美国某信用卡公司的卡片分部认识到高质量客户服务是多么重要。客户服务不仅影响公司信誉,也和公司利润息息相关。例如,一张信用卡早到客户手中一天,公司可获得33美分的额外销售收入,这样一年下来,公司将有140万美元的净利润。及时地将新办理和更换的信用卡送到客户手中是客户服务质量的一个重要方面,但这远远不够。

决定对客户服务质量进行控制来反映其重要性的想法,最初是由卡片分部的一个地区副总裁凯西·帕克提出来的。她说:"一段时间以来,我们对传统的评价客户服务的方法不大满意。向管理部门提交的报告有偏差,因为它们很少包括有问题但没有抱怨的客户,或那些只是勉强满意公司服务的客户。"她相信,真正衡量客户服务的标准必须基于和反映持卡人的见解,这就意味着要对公司控制程序进行彻底检查。第一项工作就是确定用户对公司的期望。对抱怨信件的分析指出了客户服务的三个重要特点:及时性、准确性和反应灵敏性。持卡者希望准时收到账单、快速处理地址变动、采取行动解决抱怨。

了解了客户期望,公司质量保证人员开始建立控制客户服务质量的标准。所建立的180多个标准反映了诸如申请处理、信用卡发行、账单查询及账户服务费代理等服务项目的可接受的服务质量。这些标准都基于用户所期望的服务的及时性、准确性和反应灵敏性,同时也考虑了其他一些因素。

除了客户见解,服务质量标准还反映了公司竞争性、能力和一些经济因素。例如,一些标准因引入竞争因素后,大大提高了组织现行处理能力,另一些标准则影响了组织经济能力。考虑了每一个因素后,适当的标准就成型了,于是开始实施控制服务质量的计划。

计划实施效果很好,比如处理信用卡申请的时间由35天降到15天,更换信用卡的时间从15天降到2天,回答用户查询的时间从16天降到10天。这些改进给公司带来的潜在利润是巨大的,例如,办理新卡和更换旧卡节省的时间会给公司带来1 750万美元的额外收入。另外,如果用户能及时收到信用卡,他们就不会使用竞争对手的卡片了。

该质量控制计划潜在的收入和利润对公司还有其他的益处。该计划使整个公司都注重客户期望,各部门都以自己的客户服务记录而骄傲,而且每个雇员都对改进客户服务做出了贡献,这使员工士气大增。每个雇员在为客户服务时,都认为自己是公司的一部分,是公司的代表。

信用卡部客户服务质量控制计划的成功使公司其他部门纷纷效仿。无疑,它对该公司的贡献将是非常巨大的。

讨论题:

简述该信用卡公司的质量控制过程及其对公司的作用。

任务 1.2 控制的基本过程

控制工作作为管理工作中相对独立的一个环节,它也是由若干活动步骤组成的。管理工作中的控制过程如图 5-1 所示。

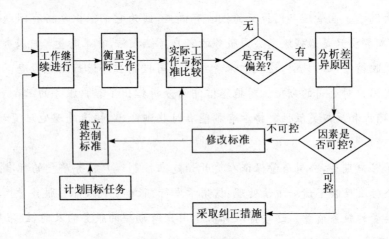

图 5-1 控制过程示意图

1）确立标准

控制标准的订立实际对计划工作和控制工作起着承上启下或连接的作用。如前所述,计划是控制的依据,但各种计划的详尽程度是不一样的。有些计划已经制订了具体的、可考核的目标或指标,这些指标就可以直接作为控制的标准,但大多数的计划是相对比较抽象、概括的,这时需要将计划目标转换为更具体的、可测量和考核的标准,以便对所要求的行为结果加以测评。企业控制工作涵盖的范围很广泛,因此,为实行控制而制定的标准也就有多种层次和多个方面。从最基层的工作任务控制角度来说,常用的控制标准有四类:一是时间标准,如工时、交货期等;二是数量标准,如产品产量、废品数量等;三是质量标准,如产品等级、合格率、次品率等;四是成本标准,如单位产品成本、期间费用等。举例来说,对企业生产工作的控制,可具体检查产量是否达到数量标准,原材料规格和产品合格率是否达到质量标准,产品在时间上是否按期生产出来并如期完成交货,原材料消耗及职工工资是否超出成本费用限制,等等。通过这种全方位的控制,就可以确保生产过程按质、按量、按时和低成本地实现计划规定的任务。

2) 测量实绩与界定偏差

对照标准衡量实际工作成绩是控制过程的第二步,它分为两个步骤:一是测定或预测实际工作成绩;二是进行实绩与标准的比较。控制既然是为了纠正实际工作结果与标准要求之间的偏差,就必须首先掌握工作实绩。掌握实绩可以通过两种方式:一是测定已产生的工作结果,二是预测即将产生的工作结果。无论哪种方式,都要以通过一定的方法(如亲自观察、口头与书面报告、抽样调查等)搜集大量的有关信息作为基础。通过差距或偏差的确定,就可以发现计划执行中的问题。但并非所有偏离标准的情况均须作为"问题"来处理,这里有个容限的幅度。所谓容限,就是准许偏差存在的上限与下限范围,在这个界限范围内即便实际结果与标准之间存有差距,也被认为是正常的。

3) 分析原因与采取措施

解决问题首先需要找出产生差距的原因,然后再采取措施纠正偏差。所以,必须花大力气找出造成偏差的真正原因,而不能仅仅是头痛医头、脚痛医脚。对偏差原因做了彻底的分析后,管理者就要确定该采取什么样的纠偏行动。具体措施有两种:一是立即执行临时性应急措施,二是永久性的根治措施。对于那些迅速、直接地影响组织正常活动的急性问题,多数应立即采取补救措施。

以上过程是从控制着眼于纠正偏差的方面说的,但积极的控制还会引致计划的修改或重定,从这个角度来看,控制工作过程的步骤会有些变化,如第二步就不是衡量计划执行的当前和预期结果,而是要检测计划执行中内外环境条件已发生或将发生的变化,确定差距也不是进行实际与应该(标准)之间的比较或者实际与实际(历史水平或横向水平)的比较,而是主要进行应该与应该比较(查看标准、指标或目标间是否平衡一致)、应该与将来比较(查看决策前提的变化及决策本身的连续控制)。第三步针对差距采取措施,也不是着眼于纠正计划执行不力所引起的偏差,而更多考虑原计划制定不周或内外环境条件变化这些方面的问题,其行动措施的结果不是使实绩向目标、标准靠近,而是使计划目标和标准本身发生变化。

哈勃望远镜

经过长达 15 年的精心准备,耗资 15 亿美元的哈勃太空望远镜终于在 1990 年 4 月发射升空。但是,美国国家航天局(NASA)仍然发现望远镜的主镜片存在缺陷。由于直径达 94.5 英寸(约 2.4 米)的主镜片的中心过于平坦,导致成像模糊。因此望远镜对遥远的星体无法像预期那样清晰地聚焦,结果造成一半以上的实验和许多观察项目无法进行。

更让人觉得可悲的是,如果有一点更细心的控制,这些是完全可以避免的。镜片的生产商珀金斯-埃默公司使用了一个有缺陷的光学模板来生产如此精密的镜片。具体原因是,在镜片生产过程中,进行检验的一种无反射校正装置没设置好,校正装置上有1.3毫米的误差,导致镜片研磨、抛光成了误差形状,但是没有人发现这个错误。具有讽刺意味的是,与其他许多 NASA 项目所不同的是,这一次并没有时间上的压力,而是有足够充分的时间来发现望远镜上的错误。实际上,镜片的粗磨在1978年就开始了,直到1981年才抛光完毕,此后,由于"挑战者号"航天飞机的失事,完工后望远镜又在地上待了两年。

美国国家航天局中负责哈勃项目的官员对望远镜制造中的细节根本不关心。事后航天管理局中一个6人组成的调查委员会的负责人说:"至少有三次明显的证据说明问题的存在,但这三次机会都失去了。"

讨论题:

(1) 哈勃望远镜出现问题的根源是什么?

(2) 一件事情无论计划做得多么完善,如果没有令人满意的控制系统,其结果会是怎样的?

(3) 请谈谈你对计划、实施、控制与效果这几者间关系的认识。

任务2　控制的基本类型及其比较

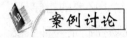

扁鹊三兄弟

魏文王问名医扁鹊说："你们家兄弟三人，都精于医术，到底哪一位医术最好呢？"扁鹊回答说："大哥最好，二哥次之，我最差。"

文王再问："那么为什么你最出名呢？"

扁鹊答说："我大哥治病，是治病于病情发作之前。由于一般人不知道他事先能铲除病因，所以他的名气无法传出去，只有我们家里的人知道。我二哥治病，是治病于病情刚刚发作之时。一般人以为他只能治轻微的小病，所以他只在我们的村子里才小有名气。而我扁鹊治病，是治病于病情严重之时。一般人看见的都是我在经脉上放血、在皮肤上敷药等大手术，所以他们以为我的医术最高明，因此名气响遍全国。"

文王连连点头称道："你说得好极了。"

讨论问题：

三兄弟中为什么扁鹊最出名？是因为他医术最高明吗？

案例启示：事后控制不如事中控制，事中控制不如事前控制，可惜大多数的事业经营者均未能体会到这一点，等到错误的决策造成了重大的损失才寻求弥补。弥补得好，当然是声名鹊起，但更多的时候是亡羊补牢，为时已晚。对企业高级领导来说，最重要的才能莫过于能做出正确的判断，而这种特殊才能将是电脑永远无法取代的。

控制工作按不同标准分类，可以划分为不同的类型，其中最主要的分类是根据控制点在控制过程中的不同位置，划分为前馈控制、现场控制和反馈控制，如图5-2所示。

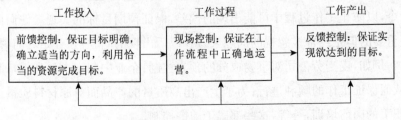

图5-2　管理控制的类型

任务 2.1　常见的几种控制类型

1) 现场控制

现场控制是一种同步、实时控制，即在活动进行的同时就施予控制。现场控制是指在某项活动或工作过程中，管理者在现场对正在进行的活动或行为给予必要的指导、监督，以保证活动和行为按照规定的程序和要求进行的管理活动。现场控制是一种主要被基层主管人员所采用的控制方法。现场控制活动的标准来自于计划工作所确定的活动目标、政策、规范和制度；现场控制的重点是正在进行的计划实施过程；现场控制的有效性主要取决于主管人员的个人素质。因此，主管人员的言传身教将发挥很大作用，进行现场控制时，要避免单凭主观意志进行工作，主管人员必须加强自身的学习和提高，亲临第一线进行认真仔细的观察和监督，以计划或标准为依据，服从组织原则，遵从正式指挥系统的统一指挥，逐级实施控制。

现场控制的方法有两种：一是驾驭控制，犹如驾驶员在行车当中根据道路情况随时使用方向盘来把握行车方向。这种控制是在活动进展过程中随时监视环境因素的变动，一旦发现干扰因素介入便立即采取对策，以防执行中的偏差出现。另一是关卡控制，它规定某项活动必须经由既定程序或达到某种水平后才能继续进行下去。如企业中规定，某产品售价是否可以调整、某项投资是否继续都要经过有关主管人员的同意，生产过程中对在制品质量进行分段检验等，这些都起着关卡控制的作用。

2) 前馈控制

前馈控制是一种在计划实施之前，为了保证将来的实际绩效能达到计划的要求，尽量减少偏差的预防性控制。由于前馈控制把控制活动提前到组织活动开始之前，因而也称之为预先控制和事前控制。前馈控制的目的是保证高绩效，它在本质上有预防的作用，因此它属于一种预防性控制。它的工作重点并不是控制工作的结果，而是为克服某些干扰或适应环境的变化而提前采取的各种预防性措施，包括对投入自有的控制、主动修正指令，以防止工作过程中可能出现的偏差，保证预期目标的实现。他们可以通过提出一些重要的但是经常被忽视的问题来减少以后出现的问题：在开始之前，我们需要做些什么？例如，麦当劳公司对事物成分的预先控制；企业中制定一系列规章制度让职工遵守，从而保证工作的顺利进行；为了生产出高质量的产品而对原材料质量进行的入库检查；职工的岗前培训，等等，这些都属于前馈控制。

由于未来的不确定性,要实行切实的前馈控制也不是一件容易的事情。它需要及时和准确的信息,必须对整个系统和计划有透彻的分析,懂得计划行动本事的客观规律性,从而建立前馈控制的模式,要经常注意保持它和现实情况相吻合,并且输入变量数据,估算它们对预期的最终结果的影响,还要采取措施以保证最后结果合乎需要。由于管理人员不可能完全把握未来会发生的所有事件和可能导致的结果,因而,虽然前馈控制有许多优点,但在管理工作中也不能完全代替其他类型的控制工作。

由于未雨绸缪地采取了防患于未然的行动,从而可以克服反馈控制系统的滞后性。

3) 反馈控制

反馈控制是在活动完成之后,通过对已发生的工作结果的测定来发现偏差和纠正偏差(此为负反馈),或者是在企业内外环境条件已经发生了重大变化,导致原定标准和目标脱离现实,这时采取措施调整计划(此为正反馈)。反馈控制实际上是一种事后的控制,故反馈亦称作后馈或事后控制。企业中使用最多的反馈控制包括财务报表分析、产成品质量检验、工作人员成绩评定等。反馈控制对于本次所完成的活动已不再具有纠偏的作用,但它可以防止将来的行为再出现类似的偏差。

 案例讨论

摆梯子

在某集团生产车间的一个角落,因工作需要,工人需要爬上爬下,因此,甲放置了一把梯子,以便上下。可由于多数工作时间并不需要上下,屡有工人被梯子所羁绊,幸亏无人受伤。于是管理者乙叫人将之改成一把活动梯子,用时,就将梯子支上;不用时,就把梯子合上并移到拐角处。由于梯子合上竖立太高,屡有工人碰倒梯子,还有人受伤。为了防止梯子倒下砸着人,管理者丙在梯子旁写了一个小条幅:请留神梯子,注意安全。

一晃几年过去了,再也没有发生梯子倒下砸着人的事。一天,外商来谈合作事宜,他们注意到这个梯子和梯子旁的小条幅,驻足良久。外方一位专家熟悉汉语,他提议将小条幅修改成这样:不用时,请将梯子横放。很快,梯子边的小条幅就改过来了。

讨论题:

哪位管理者实施的是事前控制?控制效率最高的是谁?本案例给我们的最重要的启示是什么?

任务 2.2　其他控制类型简介

1) 任务控制、管理控制和战略控制

这是从问题的重要性和影响程度来划分的。

（1）任务控制亦称运营控制，主要是针对基层生产作业和其他业务活动进行的，其控制的主要任务是确保按质、按量、按期和按成本完成工作任务，因此以负反馈控制为主。

（2）管理控制是一种财务控制，即利用财务数据来观测企业的经营活动状况，以此考评各责任中心的工作实绩，控制其经营行为。管理控制通常称为责任预算控制。

（3）战略控制是对战略计划实现程度的控制。在战略控制过程中常常可能引起战略计划重大修改或重新制订。因为这个缘故，人们倾向于将战略的计划与控制系统笼统地称作战略计划系统，而将任务的计划与控制系统称作是任务控制系统。

2) 外在控制与内在控制

这是按控制力量的来源来分类的。

（1）外在控制是指单位或个人的工作目标和标准的制订，以及为了保证目标和标准的顺利实现而开展的控制工作，是由其他的单位或个人来承担，自己只负责检测、发现问题和报告偏差。例如，上级主管的行政命令监督、组织程序规则的制约等，都是外在强加的控制。

（2）内在控制不是"他人"控制（既不是来自上级主管的"人治"，也不是来自程序规则的"法治"），而是一种自动控制或自我控制（称之为自治）。自我控制的单位或个人，不仅能自己检测、发现问题，还能自己订立标准并采取行动纠正偏差。例如，目标管理就是一种让低层管理人员和工人参加工作目标的制定（上下协商确定目标），并在工作中实行自主安排（自己决定实现目标的方法手段）、自我控制（自己检查评价工作结果并主动采取处理措施）的一种管理制度和方法。目标管理通过变"要我做"为"我要做"，使人们更加热情、努力地去实现自己参与制定的工作目标。当然，目标管理只有在个人目标与组织目标差异较小、员工素质普遍较高时采用才容易奏效。而在目标差异较大、员工素质较低时，较多外在强加控制则是需要的。

3) 专业控制

控制工作可以按其所发生的专业领域进行分类，但在不同类型的组织中，由于其具体专业活动的内容不尽一样,所以控制对象也各异。从企业组织来看,其专业控制的内容有:①库存控制;②进度控制;③产量控制;④预算控制;⑤内部和外部审计;⑥人事管理控制等。

 案例讨论

关于"文件核算制"

据某报报道:每年2月,是机关文印室最繁忙的时期,但H市S区政府文印室今年并不紧张——区政府新设的"文件核算制"削平了往年的"文山"高峰。该区规定,每打印一份文件,8开纸收费2元,16开纸收费1元,加印一张双面8开收费4角,单面8开收费2角,16开纸减半收费。文印费由批准打印的部门从该部门业务费中开支,节约有奖,超支自负。此令一出,各部门反映强烈,"文山"不推自倒。

讨论题:

S区政府的做法是否真正有效?请结合本问题分析制定控制标准应依据的原则。

任务3 有效控制方法与手段

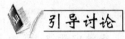

决堤一定修堤吗

春秋时期,楚国令尹孙叔敖在芍陂县一带修建了一条南北水渠。这条水渠又宽又长,足以灌溉沿渠的万顷农田,可是一到天旱的时候,沿堤的农民就在渠水退去的堤岸边种植庄稼,有的甚至还把农作物种到了堤中央。等到雨水一多,渠水上涨,这些农民为了保住庄稼和渠田,便偷偷地在堤坝上挖开口子放水。这样的情况越来越严重,一条辛苦挖成的水渠,被弄得遍体鳞伤,面目全非,因决口而经常发生水灾,变水利为水害了。

面对这种情形,历代芍陂县的行政官员都无可奈何。每当渠水暴涨成灾时,便调动军队去修筑堤坝,堵塞漏洞。后来宋代李若谷出任知县时,也碰到了决堤修堤这个头疼的问题,他便贴出告示说,"今后凡是水渠决口,不再调动军队修堤,只抽调沿渠的百姓,让他们自己把决口的堤坝修好。"这布告贴出以后,再也没有人偷偷地去决堤放水了。

讨论题:

根据这一案例启示,你认为可以采取什么措施阻止农民焚烧秸秆难题?

案例点评: 这是一个有趣的故事,但是故事背后的寓意却值得我们做管理者的深思。如果在执行一项政策之前就把这当中的利害关系对执行者讲清楚,他们也许就不会为了自己的私利而做出损害团队利益的事情了,当然这只是对素质高的团队来说。

有的企业可能因为行业的原因,员工的素质都不太高,遇到这种情况即使你说明了利害他还是会为了自己的利益偷偷地去做一些损公肥私的事情,怎么办?严格有效地监督控制机制的建立就显得非常重要了。以人管理,总是有漏洞可循的,因为人都是有弱点,有感情的。动物之间哪怕是猫和老鼠相处久了也会有感情。而制度呢?却能起到人所不能起到的作用。

当制度都不能发挥作用的时候,就只有利用李若谷的办法,以子之矛攻子之盾。当他发现这样做得到的好处还不如他损失的多的话,他自然也就不会再去做这样的事情了。所以说，不管具体用什么方法来执行，制定一套安全有效的内部控制制度是非常必要的。一个没有制度的企业只是一个货堆。

任务3.1 控制点、控制标准的确定

控制标准的制定是控制能够有效实行的关键。没有切实可行的控制标准，控制就可能流于形式。标准是衡量实际工作绩效的依据和准绳，标准来自于组织目标，但不等同于组织目标。在具体的业务活动中，笼统地将组织的计划目标作为标准是不行的，必须根据具体的作业特点设置标准，标准的设立应当具有权威性。

1) 确定控制对象

控制工作的最初始动机就是要促进企业有效地取得预期的活动结果，因此，要分析需要什么样的结果。这种分析可以从生产率、盈利性、市场占有率等多个角度进行，并把它们列为需要控制的对象。由于企业无力也无需对所有活动进行控制，因而只能在影响经营成果的众多因素中选择若干关键环节作为控制对象。比如在酿造啤酒的过程中，影响啤酒质量的因素有很多，但主要因素是水的质量、酿造的温度以及酿造的时间。这三个因素控制好了，啤酒的质量就能得到基本保障。标准可以是多种多样的，其中最好的标准就是可考核的目标，不论用定量形式表示还是用定性形式表示。不同的业务领域、不同种类的活动各有不同形式的控制标准。但是就其基本类型而言，表示标准的方法或形式主要有以下几种：

(1) 用实物量表示标准，如每月的产量。

(2) 用价值量表示标准，这是最常用的标准，包括资金标准、收益标准、成本标准等。

(3) 使用时间表示标准，如各种工时定额、完成任务的限期等。

(4) 用定性指标表示标准，如企业的经营方向。控制的对象有的可以借助一定的量化指标来表示，而有的则只能使用定性标准。

2) 选择关键控制点

对于简单的经营活动，管理人员可以通过对所做工作的亲自观察来实行控制。但是，对于复杂的经营活动，管理人员就不可能事事都亲自观察，而必须选出一些关键控制点，对其加以特别的注意。有了这些关键点给出的各种信息，各级管理人员可以不必详细了解计划的每一细节就能保证整个组织计划的贯彻执行。

关键控制点是业务活动中的一些限定性不利因素,或是能使计划更好地发挥作用的有利因素。不同的组织部门,其性质、业务有其特殊性,所要计量的产品和劳务不同,所要执行的计划方案数不胜数,因而可能有完全不同的关键控制点。例如,某企业在落实产品生产成本计划时,主要控制点是重点制造部门的生产成本和材料部门的采购成本;另一家企业制定了发展计算机管理信息系统的规划,选中的关键控制点为:由信息部门负责系统设计与各部门的协调工作,抓好数据库的建设,各个部门领导要参加项目审批过程。选择关键控制点的能力是一种管理艺术,有效的管理控制取决于这种能力。

对关键控制点的选择,主要考虑三个方面:

(1) 影响整个工作运行过程的重要操作与事项。

(2) 在重大损失出现之前显示出差异的事项。

(3) 若干能反映组织主要绩效水平的时间与空间分布均衡的控制点。

选择了关键控制点之后,需要考虑进一步的问题。例如,如何设计该控制点的目标?如何衡量出现的偏差?谁应对哪些失误负责?哪些信息反馈价值最大、最经济实用?等等。具体说来,就是要制定一些客观的标准。

3) 制定标准的方法

确定了建立标准的范围后,就应根据具体情况的需要,选择适当的方法制定标准。主要有三种方法:

(1) 统计分析法:统计分析法是根据企业的历史数据资料以及同类企业的水平,运用统计学方法来确定企业经营各方面工作的标准。用统计分析法制定的标准,称为统计标准。

统计分析法的优点:方法简单,工作量小。

统计分析法的缺点:制定标准的准确性差、可靠性差。①对历史统计数据的完整性和准确性要求高,否则制定的标准没有任何意义;②统计数据分析方法选择不当会严重影响标准的科学性;③统计资料只反映历史的情况而不反映现实条件的变化,因此依据统计资料制定的标准可能就不适用于现在的情况;④利用本企业的历史性统计资料为某项工作确定的标准,可能低于同行业的先进水平,甚至是平均水平。

(2) 经验估计法:估计法又分为经验估计法和比较估计法。经验估计法是指由有经验的人员根据自己多年实践经验,通过对实物进行观察而得出数据的一种方法。如清查建筑工地的砂石料,清查企业中用作燃料的煤堆数量等,都可采用经验估计法。这种方法的优点是简单易行、工作量小;缺点是受主观因素影响大、准确性差。

(3) 工程标准法:工程标准法是根据对具体工作情况做出客观的定量分析来制定标准的一种方法。它不是利用现成的历史数据,也不是靠管理者的经验判断,而是对实际发生的活动进行测量,从而订立出符合实际的可靠标准。用这种方法订立标准,一般是更科学,更可靠的,因为它是以实际测量为基础的。但这种方法也有一定的局限性,即有些实际工作测量的难度是很大的,而且现在的实际又难以反映未来的变化。

案例讨论

对客舱保养员的投诉

某航空公司对客舱保养员的工作十分不满意,他们在航班交替之际把客舱打扫得并不干净,而且按一般规定,他们每天要清洁50架次飞机,可他们只收拾了40架次。

讨论题:

李敏是客舱保养的管理员,她怎样才能更好地控制这项操作?

任务3.2 有效控制的必要条件和控制方法

1) 有效控制的必要条件

要实施有效控制,就必须具备一些条件,主要有三个必备条件:

(1) 控制标准:没有标准就没有控制。

(2) 受控系统的相关信息:得不到准确、足够的信息也无法实现有效控制。

(3) 必要的权力:即必须拥有能够纠正偏差的权力。

2) 有效的控制方法

管理控制中有许多不同种类的控制手段和方法,有些方法属于传统的控制方法,例如预算控制和非预算控制,另外一些方法,例如计划评审法,则代表了新的计划和控制方法,它说明科学技术的进步、社会活动规模的扩大必然伴随着管理理论的发展和管理技术的进步。从控制范围的构成看,有些方法是适用于局部控制的,例如程序控制方法,而另一些方法是用于综合控制的,例如损益控制法。随着组织规模的扩大和分权管理的发展,管理工作的综合控制显得日益重要,其中有单一的控制手段,也有综合性的控制工具。此外,还要注意一个显著的特点,那就是许多控制方法同时也是计划方法。

(1) 预算控制:在管理控制中使用最广泛的一种控制方法就是预算控制。预算是以数量形式表示的计划。预算的编制是作为计划过程的一部分开始的,而预算本身又是计划过程的终点,是一种转化为控制标准的数量化的计划。西方与我国习惯所用的

"预算"概念,在含义上有所不同。在我国,"预算"一般是指经法定程序批准的政府部门、事业单位和企业在一定期间的收支预计;而西方的预算概念则是指计划的数量说明,不仅是金额方面的反映。

预算控制最清楚地表明了计划与控制的紧密联系。不过,在一些非营利的组织中,例如政府部门、大学等,却普遍存在着计划与预算脱节的情况。在那里,二者是分别进行的,而且往往互不通气。在许多组织中,预算编制工作往往被简化为一种在过去基础上的外推和追加数量的过程,而预算审批则更简单,甚至不加研究调查,就以主观想象为根据任意增减预算。这使得预算完全失去了应有的控制作用,偏离了其基本目的。正是这种不正常现象的存在,促使新的预算方法发展起来,它们使预算这种传统的控制方法恢复了活力。

① 预算的性质与作用:预算就是用数字编制未来某一个时期的计划,也就是用财务数字或非财务数字来表明预期的结果。这表明:

a. 预算是一种计划,从而编制预算的工作是一种计划工作。预算的内容可以概括为:"多少"——为实现计划目标的各种管理工作的收入(或产出)与支出(或投入)各是多少;"为什么"——为什么必须收入(或产出)这么多数量,以及为什么需要支出(或投入)这么多数量;"何时"——什么时候实现收入(或产出)以及什么时候支出(或投入),必须使得收入与支出取得平衡。

b. 预算是一种预测,它是对未来一段时期内的收支情况的预计。作为一种预测,确定预算数字的方法可以采用统计方法、经验方法或工程方法。

c. 预算主要是一种控制手段。编制预算实际上就是控制过程的第一步——拟定标准。由于预算是以数量化的方式来表明管理工作的标准,从而其本身就具有可考核性,因而有利于根据标准来评定工作绩效,找出偏差(控制过程的第二步),并采取纠正措施,消除偏差(控制过程的第三步)。无疑,编制预算能使确定目标和拟定标准的计划得到改进。但是,预算的最大价值还在于它对改进协调和控制的贡献。为组织的各个职能部门都编制预算,就为协调组织的活动提供了基础;同时,由于对预期结果的偏离将更容易被查明和评定,预算也为控制中的纠正措施奠定了基础。所以,预算可以引导出更好的计划和协调,并为控制提供基础,这正是编制预算的基本目的。

如果要使一项预算对任何一级的主管人员真正具有指导和约束作用,预算就必须反映该组织的机构状况。只有充分按照各部门业务工作的需要来制定、协调并完善计划,才有可能编制一个足以作为控制手段的分部门的预算。把各种计划缩略为一些确切的数字,以便使主管人员清楚地看到哪些资金将由谁来使用,将在哪些单位使用,并涉及哪些费用开支计划、收入计划和以实物表示的投入量和产出量计划。主管人员明确了这些情况,就有可能放心地授权给下属,以便使之在预算的限度内去实施计划。

② 预算的种类：预算在形式上是一整套预计的财务报表和其他附表。按照不同的内容，可以将预算分为经营预算、投资预算和财务预算三大类。

a. 经营预算：是指企业日常发生的各项基本活动的预算。它主要包括销售预算、生产预算、直接材料采购预算、直接人工预算、制造费用预算、单位生产成本预算、推销及管理费用预算等。

b. 投资预算：是对企业的固定资产的购置、扩建、改造、更新等，在可行性研究的基础上编制的预算。它具体反映在何时进行投资、投资多少、资金从何处取得、何时可获得收益、每年的现金净流量为多少、需要多少时间回收全部投资等。由于投资的资金来源往往是所有企业的限定因素之一，而对厂房和设备等固定资产的投资又往往需要很长时间才能回收，因此，投资预算应当力求和企业的战略以及长期计划紧密联系在一起。

c. 财务预算：是指反映企业在计划期内有关预计现金收支、经营成果和财务状况的预算。它主要包括"现金预算"、"预计收益表"和"预计资产负债表"。必须指出的是，前述的各种经营预算和投资预算中的资料，都可以折算成金额反映在财务预算内。这样，财务预算就成为各项经营业务和投资的整体计划，故亦称"总预算"。

③ 预算控制的风险：预算工作中存在着一些使预算控制失效的危险倾向。

a. 预算过于烦琐带来的危险：由于对极细微的支出也做了琐细的规定，致使主管人员管理自己部门所必要的自由都丧失了。所以，预算究竟应当细微到什么程度，必须联系授权的程度进行认真酌定。过细过繁的预算等于使授权名存实亡。

b. 让预算目标取代了企业目标带来的风险：即发生了目标的置换。在这种情况下，主管人员只是热衷于使自己部门的费用尽量不超过预算的规定，但却忘记了自己的首要职责是千方百计地去实现企业的目标。例如，某个企业的销售部门为了不突破产品样本的印刷费预算，在全国的订货会上只向部分参加单位提供了产品样本，因此丧失了大量的潜在用户，失去了可能的订货。目标的置换通常是由两个方面的原因引起的：一是没有恰当地掌握预算控制的度，例如预算编制得过于琐细，或者是制定了过于严厉的制裁规则以保证遵守，还可能制定了有较大吸引力的节约奖励措施，以刺激主管人员尽可能地压缩开支。二是为职能部门或作业部门设立的预算标准，没有很好地体现计划的要求，与企业的总目标缺乏更直接的、更明确的联系，从而使得这些部门的主管人员只是考虑如何遵守预算和程序的要求，而不是从企业的总目标出发来考虑如何做好自己的本职工作。为了防止在预算控制中出现目标置换的倾向，一方面应当使预算更好地体现计划的要求；另一方面应当适当掌握预算控制的度，使预算具有一定的灵活性。

c. 预算潜在的效能低下的风险：预算有一种因循守旧的倾向，过去所花费的某些费用,可以成为今天预算同样一笔费用的依据。如果某个部门曾支出过一笔费用购买物料,这笔费用就成了今后预算的基数。此外,主管人员通常知道在预算的层层审批中,原来申请的金额多半会被削减,因此,申报者往往将预算费用的申请金额有意扩大,远远大于实际需要。所以,必须有一些更有效的管理方法来扭转这种倾向,否则预算很可能会变成掩盖懒散、效率低下的主管人员的保护伞。这样的方法一种是编制可变预算,另一种就是"零基预算法"。

小镇的年度预算

张海是某地区一个小镇的镇长,他给小镇各业务部门起草了一份年度预算。在预算中,他把各部门的费用平均分配到十二个月里。过了半年,自来水厂从预算中省下不少钱。与此同时,公路保养部门却大大地超支了。张海尖锐地批评了公路保养部门的管理人员在控制使用预算上没有尽力,然而,在解决问题时,他提议把自来水厂积余的部分转到公路预算上,以此平衡这一年度的开支。李宏是公路管理人员,他说自己完全有理由为超支辩解。苏丽是自来水厂的主管,她坚决反对从预算中挪走那笔资金。

讨论题:

公路管理人员有哪些理由为自己辩护?自来水厂的主管不愿挪走预算中积余的钱,她会有什么理由呢?那位镇长应该怎样改进他的预算程序?

(2) 非预算控制:除预算之外,还有一些传统的管理过程控制方法。

① 视察:视察可以算是一种最古老、最直接的控制方法,它的基本作用就在于获得第一手的信息。基层主管人员通过视察,可以判断出产量、质量的完成情况以及设备运转情况和劳动纪律的执行情况等;职能部门的主管人员通过视察,可以了解到作业标准是否得到了认真地贯彻,生产计划是否按预定进度执行,劳动保护等规章制度是否被严格遵守以及生产过程中存在哪些偏差和隐患等;而上层主管人员通过视察,可以了解到组织的方针、目标和政策是否深入人心,可以发现职能部门的情况报告是否属实以及员工的合理化建议是否得到认真对待,还可以从与员工的交谈中了解他们的情绪和士气等。所有这些,都是主管人员最需要了解,却是在正式报告中见不到的第一手信息。

视察的优点还不仅仅在于能掌握第一手信息,它还能够使得组织的管理者保持和不断更新自己对组织的感觉,使他们感觉到事情是否进展得顺利以及组织这个系统是否运转得正常。视察还能够使得上层主管人员发现被埋没的人才,并从下属的建议中获得不少启发和灵感。此外,亲自视察本身就有一种激励下级的作用,它使得下属感到上级在关心着他们。所以,管理者坚持经常亲临现场视察,有利于创造一种良好的组织气氛。

当然,主管人员也必须注意视察可能引起的消极作用。例如,也存在着这样的可能,即下属可能误解上司的动机,将其看作是对他们工作的一种干涉和不信任,或者是看作不能得到充分授权的一种表现,这是需要引起注意的。

尽管如此,亲临视察的显著好处仍使得一些优秀的管理者始终坚持这种做法。一方面,即使是拥有信息化的现代管理信息系统,计算机提供的实时信息,做出的各种分析,仍然代替不了主管人员的亲身感受、亲自了解;另一方面,管理的对象主要是人,是要推动人们去实现组织目标,而人所需要的是通过面对面的交往所传达的关心、理解和信任。

② 报告:报告是用来向负责实施计划的主管人员全面地、系统地阐述计划的进展、存在的问题及原因、已经采取了哪些措施、收到了什么效果、预计可能出现的问题等情况的一种重要方式。控制报告的主要目的在于提供一种如果有必要,即可用作纠正措施依据的信息。

对控制报告的基本要求是:必须做到适时,突出重点,指出例外情况,尽量简明扼要。通常,运用报告进行控制的效果,取决于主管人员对报告的要求。

③ 比率分析:对于组织经营活动中的各种不同度量之间的比率分析,是一项非常有益的和必需的控制技术或方法。"有比较才会有鉴别",也就是说,信息都是通过事物之间的差异传达的。

一般说来,仅从对有关组织经营管理工作绩效的绝对数量的度量中是很难得出正确的结论的。

企业经营活动分析中常用的比率可以分为两大类,即财务比率和经营比率。前者主要用于说明企业的财务状况;后者主要用于说明企业经营活动的状况。财务比率综合地反映着企业的生产经营情况。通过对财务状况的分析可以迅速地、全面地了解一个企业的资金来源和资金运用的情况,了解企业资金利用的效果以及企业的支付能力和清偿债务的能力。经营比率可以用来进一步说明企业的经营情况。

④ 盈亏分析:所谓盈亏分析,就是根据销售量、成本和利润三者之间的相互依赖关系,对企业的盈亏平衡点和盈利情况的变化进行分析的一种方法,又称"量、本、利"分析。它是一种很有用的控制方法和计划方法。在盈亏分析中,将企业的总成本按照性质分为固定成本和变动成本(或可变成本)。所谓固定成本是指不随销售量变化而变化的那部分成本,例如折旧费、设备大修理费、办公费、新产品研制费等。变动成本则是指随销售量变化而变化的那部分成本,例如原材料、工时费、燃料和动力费等。固定成本、变动成本、销售量和利润之间的关系可用一种称之为"盈亏平衡图"的坐标图

来描述。

盈亏分析在控制中的应用主要有以下几方面:预测实现目标利润的销售量;分析各种因素变动对利润的影响;进行成本控制;判断企业经营的安全率。

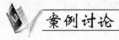

运动鞋的价格战

一家生产慢跑、网球等运动鞋的公司发现它的一些主要竞争对手在和它进行一场价格大战。为了弥补降低了的销售收入,公司经理安排了削减成本的计划,由三部分组成:主要目标是减少原材料成本的10%、生产成本的15%以及销售成本的5%。

讨论题:
公司打算用哪种控制手段来达到这些目标?

(3) 程序控制:在讨论计划的种类时,已阐述过程序的概念。程序是对操作或事务处理流程的一种描述、计划和规定。组织中常见的程序很多,例如决策程序、投资审批程序、主要管理活动的计划与控制程序、会计核算程序、操作程序、工作程序等。凡是连续进行的、由多道工序组成的管理活动或生产技术活动,只要它具有重复发生的性质,就应当为其制定程序。

① 程序的性质:

a. 程序是一种计划。程序规定了如何处理重大问题以及处理物流、资金流、信息流等的例行办法。也就是说,对处理过程包含哪些工作、涉及哪些部门和人员、行进的路线、各部门及有关人员的责任,以及所需的校核、审批、记录、存贮、报告等,进行分析、研究和计划,从中找出最简捷的、最有效的和最便于实行的准确方案,要求人们严格遵守。

b. 程序是一种控制标准。程序通过文字说明、格式说明和流程图等方式,把一项业务的处理方法规定得一清二楚,从而既便于执行者遵守,也便于主管人员进行检查和控制。程序所隐含的基本假设是,管理中的种种问题都是因为没有程序或没有遵守程序而造成的。

c. 程序还是一种系统。

② 程序的分析和表现形式:管理程序分析所依据的理论是管理的原理,分析的工具主要是业务流程图。业务流程图是利用少数具有特定含义的符号和文字说明,形象而具体地描述系统的业务流程,非常直观,便于记忆分析和对比。它不仅可用来设计管理程序,而且也是分析和设计信息化的管理信息系统的主要工具。

管理程序的设计和说明,除采用流程图形式外,通常还包括程序说明以及对票据与账簿的格式、项目和填写要求的说明。

③ 程序控制的准则：实践经验表明，主管人员在对程序进行计划和控制时，应遵循下列准则。

a. 使程序精简到最低程度。对主管人员来说，最重要的准则就是要限制所用程序的数量。程序控制有一些固有的缺点，例如增加文书工作的费用，压抑人们的创造性，对改变了的情况不能及时作出反应等，所有这些都是有关的主管人员在制定程序之前要反复考虑的。换句话说，主管人员必须在可能得到的效益、必要的灵活性和增加的控制费用之间权衡得失利弊。

b. 确保程序的计划性。既然程序也是计划，因而程序的设计必须考虑到有助于实现整个组织的（而不仅仅是个别部门的）目标和提高整个组织的效率。主管人员应当向自己提出如下的问题并作出满意的回答：程序是否已计划好？如果建立某一程序是必要的，那么所设计的程序能否收到预期的效果？能否有助于实现计划？例如，间接材料的发放程序必须起到监督间接材料的领用、控制间接材料的消耗、加强成本核算、降低成本、提高企业经济效益的作用。

c. 把程序看成是一个系统。任何一个程序，无论是工资发放、材料采购、成本核算还是新产品开发等，其本身都是包含着许多活动的呈网络关系的系统。同时，从组织的整体角度来考虑，任何一个程序又都是一个更大系统的组成部分或要素。可以将由许多程序组成的系统称为程序系统。将程序看作系统，就是要从整体的角度细微地分析和设计程序，务必使各种程序的重复、交叉和矛盾现象减少到最低限度。此外，将程序看作系统，还有助于主管人员追求整体的最优化而不仅仅是局部的次优化。

d. 使程序具有权威性。程序能否发挥应有的作用，一方面取决于它设计得是否合理；另一方面取决于它执行得是否严格。程序要求人们按既定的方式行事，但人们往往总是想按照习惯的方式或是随意性的方式处理事情。这就给程序的实施带来不少阻力，因而也就对程序的控制提出严格的要求，这就是使程序具有权威性。

④ 程序的重要性：由于程序的计划和控制单调枯燥、看似简单平凡，所以主持其事的人往往得不到最高主管部门人员的关心和支持。在我国，真正对程序的计划和控制持认真态度的企业或其他组织还不多，即使在这些组织中，有的也只是"认真"过一个时期，后来因为各种原因而流于形式。所以，真正实行程序化、标准化管理并不是件容易的事。不过，我们也应当看到，随着改革开放的深入进行，随着各方面管理工作的不断完善以及引进、吸收、消化国外先进的管理方法、技术、手段等，有不少组织也已经真正开始重视并认真对待其管理中有关程序的制订和控制，并已取得良好的效果。实践经验证明，推行管理的程序化和标准化，是改革传统管理方式、实现管理现代化的重要步骤。

(4) 计划评审：当代的管理活动有两个显著的特点：一是时间成为做任何事都必须考虑的重要因素；二是协作关系十分复杂。例如，大型的军事工程、大型水坝的建设工程、大城市交通枢纽工程、企业中关键设备的检修工程等，都是要求在规定的时间里，利用有限的资源去完成十分复杂的工程项目。这就对计划与控制提出了很高的要求，需要有一套科学的计划与控制方法。计划评审技术就是适应这种需要而发展出的一种行之有效的科学管理技术。

所谓计划评审技术，是把工程项目当做一个系统，用网络图或表格或矩阵来表示各项具体工作的先后顺序和相互关系，以时间为中心，找出从开工到完工所需时间最长的关键线路，并围绕关键线路对系统进行统筹规划、合理安排以及对各项工作的完成进度进行严密控制，以达到用最少的时间和资源消耗来完成系统预定目标的一种计划与控制方法。

计划评审技术最初是美国海军特别规划处在建造北极星核潜艇的过程中发展起来的一种管理方法。由于应用了计划评审技术，使该项工程比原计划提前两年交付使用，取得了巨大的成功。随后，这种方法推广应用于民用工程管理和企业管理中。我国从20世纪60年代初期开始在国防、建筑、水利和冶金等部门推广使用，称之为"统筹法"，也取得了显著绩效。

运用计划评审技术进行的计划评审具有如下特点：

① 体现了系统工程的整体性、综合性和科学性的原理。

② 能够帮助主管人员进行计划，并掌握全局，找出主要矛盾，抓住关键环节。通过网络分析，可以了解哪些工序是关键的，是必须保证的，哪些工序还有潜力可挖，从而可以在保证总工期的前提下，抽调非关键工序的人力和物力来支援关键工序。

③ 能够有效地对工作进度进行控制，特别是当某道工序的完成进度拖期时，能够分析出它对全局的影响，便于及时采取正确的补救措施。

④ 能够通过网络分析，得出完成计划的多个可行方案，从而为选取最优方案创造条件。

⑤ 工程项目越复杂，其优点越显著。

计划评审技术除了可以用于进度的计划和控制，还可以在资源有限的情况下进行负荷平衡，以求得工期尽可能短并能够充分利用资源的最优方案。此外，还可以对工程的费用开支进行优化以及对工程按期完工的可能性进行估算等。

(5) 绩效控制：一般而言，大多数控制方法都是根据特定的控制对象而具体设计的，例如政策控制、程序控制、产品质量控制、生产费用控制、现金预算等。这些控制方法一般只针对组织某一方面的工作，其控制的重点是管理过程本身或是其中的某个环节，而不是管理工作的全部绩效和最终成果。但经验表明，高效率不一定带来高效益，因此，还必须提出一些能够控制企业整个工作绩效的方法。此外，在一些实行分权管理或事业部制的企业中，如何对那些具有相对独立性的单位或部门进行有效的控制，在不干预其内部管理过程的前提下使之达到预期的目标，也需要有一些有效的综合控制方法。

综合控制首先要解决的问题是确定衡量全部绩效的标准。从根本上说，衡量一个组织全部工作绩效的综合标准和最终标准应是经济方面的指标（对企业来讲就是利润和利润率）。因此，一般说来，综合控制主要是财务方面的控制，也就是说从财务的角度控制那些直接影响经济指标（利润和利润率）大小的因素，例如投资、收入、支出、负债等。

但是，利润和利润率高并不意味着企业就一定是管理完善，因为即使管理得很差，也可能因为在经营方面，例如销售、投资或利用环境机会方面做得出色而取得成就。经营毕竟不等于管理，经营顺利掩盖了其管理不善，这样的企业，一旦外部环境条件恶化，就会陷于困境甚至破产。因此，组织绩效的综合控制，还应包括对管理工作质量和水平的评价和控制。目前，这方面比较有效的控制方法之一，就是管理审核。

① 损益控制法：损益控制法是根据一个组织（企业）的损益表，对其经营和管理绩效进行综合控制的方法。由于损益表能够反映该企业在一定期间内收入与支出的具体情况，从而有助于从收支方面说明影响企业绩效的直接原因，并有利于从收入和支出的方面进一步查明影响利润的原因，所以，损益控制的实质，是对利润和直接影响利润的因素进行控制。显然，如果损益表能采取预测的形式，将会使控制更为有效。

一般说来，损益控制法主要适用于那些实行分权制或事业部制组织结构的企业，它将受控制的单位看作利润中心，也就是直接对利润负责的单位。实行损益控制意味着充分地授权。作为利润中心的单位或部门，可以按照他们认为是有利于实现利润的方式相对独立地开展经营。他们往往有权决定销售价格；有权订货、采购、制造、雇佣和解聘员工；有权决定工资及奖金的分配制度等。

由此可见，一个组织其所属各部门各单位的职能越是完整，就越有利于实行严格的损益控制法。

由于损益控制法的优点，使得一些以职能制和专业化原则为基础组织起来的企业，在其内部的各部门之间也实行损益控制。例如，在一些大型机械制造企业中，将铸造、热处理、钣金、机加工、装配车间也看做是"利润中心"。铸造车间将铸件"出售"给机加工车间，而后者又将它的半成品"出售"给装配车间，装配车间再将产成品"出售"给销售部门，最后由销售部门出售给客户。严格地说，这种形式的利润中心只是一种"模拟利润中心"，相应的损益控制应当称为"模拟损益控制"。这种情况下，"利润"是根据预先制订的"内部转移价格"来计算的。这种"模拟损益控制"的好处是，可以强化企业内部各部门的经济责任,强化各部门主管人员的成本意识和质量意识,使部门的目标与组织的目标取得较大程度的一致性。

当然,这种做法也存在一些缺点。一个主要的缺点是,内部转移价格的制订和核算工作要花费大量的精力,而且很难完全准确,从而使内部利润并不能真正反映一个部门的工作绩效,结果形成"假账真算",失去了应有的控制作用。所以,模拟损益控制只适用于产品比较单一、生产相对稳定、管理基础工作较好的企业。而一般不适用于政府部门或是企业的职能管理部门。

② 投资报酬率控制法:投资报酬率控制法是以投资额和利润额之比,从绝对数和相对数两方面来衡量整个企业或企业内部某一部门的绩效。这种方法与损益控制法的主要区别在于,它不是把利润看成一个绝对的数字,而是把它理解为企业运用投资的效果。由于企业的投资最终来源于利润,因此,如果企业的投资报酬率只相当于或者甚至低于银行利率,那么企业的投资来源便会趋于枯竭,从而使企业发展陷于停滞。所以,企业的目标不仅是最大限度的利润额,更应当是最大限度的投资报酬率。

对销售利润率和投资周转率的进一步分解和分析,可以透视出企业各个方面的财务情况和经营成果。投资报酬率主要用于那些实行分权制或事业部制管理体制的企业的内部控制。在这种体制下,事业部不仅是利润中心,而且是投资中心。也就是说它不仅需对成本、收入、利润负责,而且还要对所占用的全部投资(即全部固定资产和流动资产)承担责任。这就有助于使事业部的主管人员从企业最高主管部门的角度来考虑自己的经营问题,有助于克服争投资、买设备、上项目,而不顾投资效果的倾向,使他们的经营行为合理化,使各个分权单位的目标与企业目标取得最大限度的一致。

在那些典型的按职能和直线制组织起来的企业中,可以将投资报酬率控制法应用在不同的产品系列中。这需要按不同的产品系列分摊销售收入、销售费用、工厂成本以及固定资产和流动资产。其中直接成本的分摊比较简单,间接成本的分摊可以按工时或其他标准进行,销售费用可以按销售额分摊。此外,现金、应收账款等也可按销售额分摊,库存可以按产品系列分摊。固定资产的分摊比较困难,但如果生产组织是按产品专业化原则设计的,则分摊就容易得多。

尽管投资报酬率控制法有显著的优越性,但要建立一个投资报酬率控制系统却不是一件轻而易举的事。最大的困难也许是在观念方面,企业的部门主管人员习惯于从职能和专业的角度看待经营和管理问题,要使他们按损益控制法的要求来考虑经营和管理问题,就已经很不容易;若要求他们按投资报酬率控制法的要求来考虑问题和作决策,则会更加困难。

会议成本分析制

日本太阳公司为提高开会效率,实行开会分析成本制度。每次开会时,总是把一个醒目的会议成本分配表贴在黑板上。成本的算法是:会议成本=每小时平均工资的3倍×2×开会人数×会议时间(小时)。公式中平均工资所以乘3,是因为劳动产值高于平均工资;乘2是因为参加会议要中断经常性工作,损失要以2倍来计算。因此,参加会议的人越多,成本越高。有了成本分析,大家开会态度就会慎重,会议效果也十分明显。

讨论题:

为什么要进行会议成本分析?从这个案例中得到哪些启示?

【项目小结】

(1) 控制是管理工作的第四大职能。要弄清楚计划所确定的目标是否得到顺利实现,甚至计划目标本身制订得是否科学合理,必须开展卓有成效的控制工作。

(2) 控制就是按照计划标准衡量计划的完成情况,纠正计划执行过程中的偏差,确保计划目标的实现。从现代管理学角度来说,控制就是"纠偏"。控制的两个作用:①防止和纠正偏差的发生;②修改原定计划或重新制订新的计划。

(3) 控制工作按不同标准分类,可以划分为不同的类型,其中最常见的分类是根据控制点在控制过程中的不同位置,划分为前馈控制、现场控制和反馈控制。

(4) 管理控制中有许多不同种类的控制手段和方法,主要包括:预算控制、非预算控制、程序控制、计划评审和绩效审核。

【思考与练习】

(1) 简述管理控制的含义及分类。
(2) 如何理解控制的基本过程?
(3) 什么是前馈控制、现场控制与反馈控制?
(4) 如何确定控制点和控制标准?
(5) "控制工作应强调提高员工的自我控制",你同意这一看法吗?
(6) 情景模拟训练:选择合适的控制方法。

内容与要求：

① 检查学生对现代控制方法的掌握程度，明确不同控制方法的适用范围。

② 步骤：a. 将全班同学分成 4 人一个小组，尽量将组数确定为双数。b. 两个小组为一个单位，互相创设管理情境，要求对方小组选择合适的控制方法。

③ 考核：小组是否找出了不同控制方法的适用范围。

④ 标准：a. 小组创设管理情境合理，能够让对方小组根据该情况选择控制方法。b. 全班同学最后确切知道不同控制方法的适用情况和范围。

（7）阅读案例，回答问题。

查克停车公司

"你要是在美国好莱坞或贝弗利山举办一个晚会，肯定会有这样一些名人来参加：杰克·尼科尔森、麦当娜、汤姆·克鲁斯、雪儿、查克·皮克。"

"查克·皮克？"

"自然！"

"没有停车服务员，你不可能成功地举办晚会。在南加州，停车业内响当当的名字就数查克·皮克了。"

查克停车公司是一家小企业，但每年的营业额有几百万美元。公司拥有雇员 100 多人，其中大部分为兼职人员。每个星期，查克停车公司至少要为几十个晚会提供停车业务。在最忙的周六晚上，公司可能要同时为 6～7 个晚会提供停车服务，每一个晚会可能需要 3～15 位服务员。

查克停车公司经营的业务包含两项：一是为晚会处理停车事宜；二是为一个乡村俱乐部办理停车经营特许权合同。这个乡村俱乐部要求提供 2～3 个服务员，每周 7 天都是这样。但查克的主要业务还是来自私人晚会。他每天的主要工作就是拜访那些富人或名人的家，评价道路和停车设施，并告诉他们需要多少个服务员来处理停车的问题。一个小型的晚会可能只要 3～4 个服务员，花费大约 400 美元。然而一个特别大型的晚会的停车费用可能高达 2 000 美元。

尽管私人晚会和乡村俱乐部的合同都涉及停车业务，但它们为查克提供收入的方式却很不相同。私人晚会是以当时出价的方式进行的。查克首先估计大约需要多少服务员为晚会服务，然后按每人每小时多少钱给出一个总价格。如果顾客愿意"买"他的服务，查克就会在晚会结束后寄出一份账单。因此，在私人晚会服务时，他绝对禁止服务员收取小费。在乡村俱乐部，查克根据合同规定，每月要付给俱乐部一定数量的租金来换取停车场的经营权。他收入的唯一来源是服务员为顾客服务所获得的小费。

案例思考题：

① 你是否认为查克停车公司的控制问题在两种场合下是不同的？如确实如此，为什么？

② 在前馈、反馈和现场控制三种类型中，查克应采取哪一种手段对乡村俱乐部业务进行控制？对私人晚会停车业务，又适宜采取何种控制手段？

参 考 文 献

[1] 斯蒂芬·P.罗宾斯.管理学[M].北京:中国人民大学出版社,2012.
[2] 哈罗德·孔茨.管理学[M].北京:经济科学出版社,2012.
[3] 梁素娟,王艳明.德鲁克管理思想大全集[M].北京:企业管理出版社,2010.
[4] 曾仕强.中国式的管理行为[M].北京:中国社会科学出版社,2005.
[5] 周三多,贾良定.管理学习题与案例2版.[M].北京:高等教育出版社,2005.
[6] 王凯,陈超.管理学基础2版.[M].北京:高等教育出版社,2006.
[7] 季辉,冯开红.管理学原理[M].北京:北京大学出版社,2007.
[8] 单凤儒.管理学基础[M].北京:高等教育出版社,2000.
[9] 周健临.管理学教程[M].上海:上海财经大学出版社,2007.
[10] 荣晓华,孙喜林.管理学原理[M].4版.大连:东北财经大学出版社,2013.
[11] 朱秀文.管理学教程2版.[M].天津:天津大学出版社,2013.
[12] 孙国忠,徐仲年.经济管理实用教程[M].北京:北京大学出版社,2007.
[13] 都国雄.管理原理[M].南京:东南大学出版社,2003.
[14] 杨文士,等.管理学原理[M].北京:中国人民大学出版社,2004.